초등 아이가 공부에 푹 빠지는 법

· 일러두기 ·

독자의 이해를 돕기 위해 한국 사정에 맞게 수정되거나 추가된 부분이 있음을 알려드립니다.

아이의 평생 공부력을 키워 주는 부모 필독서

초등 아이가 공부에
 빠지는 법

기쿠치 히로타다 · 하타 가즈키 지음 | **윤경희** 옮김

상상출판

신나고 즐겁게 하는 공부? 당연히 가능하다

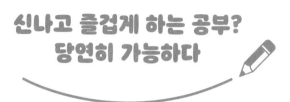

내 아이가 공부에 흠뻑 빠져 열중하면 얼마나 기쁠까. 많은 부모가 하는 공통적인 고민이 '우리 애가 공부를 싫어한다는 것'이다. 여러분이 이 책을 손에 든 이유도 비슷한 고민을 하고 있기 때문 아닐까.

'공부란 재미가 없더라도 가만히 참고 앉아서 집중해야 하는 것'이라는 부모의 오해 때문에 아이가 공부를 싫어한다. 그런데도 많은 부모가 어떻게 하면 책상 앞에 가만히 앉아 있게 할 것인지 고민하며 아이와 대치하고, 그 결과 아이가 공부를 더욱 싫어하는 길로 인도하고 만다.

그렇지만 부모가 잘못했다고 딱 잘라 말할 수도 없다. 부모도 어렸을 때 '공부는 싫어도 해야 하는 것'이라는 소리를 들으며 꾹 참고 해왔기 때문이다. 그것이 올바른 길이고, 아이를 위한 길이라고 여겨서 밀어붙이는 것이다.

하지만 여기서 그 상식을 한번 의심해 보자. 정말로 공부를 즐겁게 하는 건 불가능한가? 정말로 공부는 재미있으면 안 되는가? 두 질문에 대한 대답은 '아니요'다. 누구든지 공부를 신나고 즐겁게 할 수 있다. 공부에도 일에도 재미를 느끼고 몰두하게 하는 '기술'이 있기 때문이다. 이 기술은 과학적으로 실증된 것이며 누구라도 실현할 수 있다. 실제로 이 기술을 적용해 가르친 우리 학원 학생들은 공부를 좋아하게 되었다. 여러분의 자녀도 공부에 재미를 느낄 수 있다.

공부가 즐거워진다는 건 좋은 일이다. 사람은 어떤 것에 재미를 느끼고 열중할 때 능력을 최대로 발휘할 수 있다. 여러분 주변에도 좋아하는 취미나 놀이, 게임에 엄청난 기억력과 집중력을 발휘하는 사람이 있지 않은가. 공부도 똑같다. 우리 학생들 중에도 공부에 푹 빠져 열중한 결과 능력을 키우고 높은 성적을 이뤄낸 아이들이 많다. 여러분의 자녀도 공부에 열중할 수 있게 된다면 비약적으로 성장할 것이다.

이 책은 내 아이가 공부를 좋아하게 되는 과학적인 비결을 소개한다. 이 중에는 티끌만큼 적은 노력에도 마법 같은 효과를 보이는 것도 있다. 그 비결은 크게 'ARCS 모델'이라 불리는 학습 의욕 모델에 오롯이 담겨 있다.

의욕을 분류하는 ARCS 모델

미국의 교육공학자 켈러J.M.Keller가 심리학의 동기부여 연구를 정리한 'ARCS 모델'은 학습 의욕을 주의Attention, 이유Reason, 자신Confidence, 만족Satisfaction이라는 네 갈래로 분류해 집대성한 모델이다. 다시 말해 '의욕의 원천에는 크게 네 가지 패턴이 있다'라는 것이다. 이 모델은 세계적인 IT 기업 구글에 도입되어 성인 직원들의 의욕을 상당히 고취한 것은 물론이고, 어린이에게 적용했을 때에도 효과를 보였다. 그런데 이 모델은 어린이에게 더 중요하지 않을까 싶다. 성인의 경우, 대체로 해야 하는 이유(R)가 있으면 행동하지만 아이는 그렇지 않기 때문이다.

사립중학교 입시를 전문으로 가르치는 우리 신가쿠카이 학원에서 이 모델을 활용해 지도한 결과, 많은 아이가 공부에 재미를 느끼고 학습을 즐거워하게 되었다. 학부모 피드백을 잠시 소개해 보겠다.

아이는 3학년 때부터 유명한 학원에 다니기 시작했습니다. 학원 입학 테스트에 높은 점수로 합격했고 평균도 높았기 때문에 처음에는 의기양양했지요. 하지만 수업 진도가 너무 빨라서 얼마 지나지 않아 소화불량에 걸린 것처럼 내용을 받아들이지 못하게 되었습니다. 성적이 점점 떨어지자 머리를 흔들거나 눈 깜빡임 같은 틱 증상까지 나타나서 2개월 만에 그만두었습니다.

그런 상황에서 '아이 스스로 PDCA 계획→실천→확인→조치를 반복 실행하여 목표를 달성하는데 사용하는 기법-옮긴이를 할 수 있게 되고 훗날에 도움이 되는 문제해결 능력을 체화한다'라는 학원 지도 방침에 크게 감명받았습니다. 학원에 트라우마가 생긴 아이를 달래고 설득해서 체험 수업을 받게 했더니 돌아와서 "재미있었어요!"라고 말했습니다. "지금 바로 숙제해야지!"라거나 "월요일에 자습하러 가고 싶어요!" 하며 마치 다른 사람처럼 의욕이 충만한 아이가 되었습니다. '대체 무슨 마법을 쓴 거야?'라는 생각이 저절로 들 정도입니다.

아이의 공부 의욕이 충만해질 수 있던 마법의 정체가 바로 'ARCS 모델'이다. 네 가지 요소만 있으면 아이는 공부에 몰두하

- ARCS 모델 -

Attention (주의)
재미있을 거 같은데?

↓

Reason (이유)
도움이 되겠는걸!

↓

Confidence (자신)
할 수 있겠다!

↓

Satisfaction (만족)
야호, 해냈어!

게 된다. 반대로 이 중에서 하나라도 없으면 공부에 진저리를 치는 상태가 될 것이다.

　지금 여러분의 자녀에게는 무엇이 있고 무엇이 없는지 생각해 보자. 처음부터 4개를 전부 갖출 필요는 없다. 1개에서 2개, 2개에서 3개로 천천히 늘려나가다 보면 공부가 재미있다고 말하는 자녀의 모습을 볼 수 있을 것이다. 또, 이런저런 방법을 써도 잘 안 될 때는 혹시 같은 요소만 파고들지는 않았는지 살펴보길 바란다. 부족한 요소 중에서 가능한 것부터 차근차근 시도해 보자. 부디 여러분의 자녀가 공부를 좋아하는 아이가 되길 바란다.

기쿠치 히로타다 · 하타 가즈키

목 차

2장 이유 Reason

공부의 '보람'을 느끼게 하기

3장 자신 Confidence

'할 수 있다'는 자신감 심어 주기

4장 만족 Satisfaction
'공부해서 다행이다' 실감하게 하기

1장
주의 Attention

공부에 '두근두근'
설레게 하기

수학을 '퍼즐'이라고 부른다

혹시 부모인 여러분이 '공부는 공부, 놀이는 놀이'라며 둘 사이에 명확한 경계선을 긋고 있다면 크게 오해하는 것이다. 부디 오늘부터 그런 생각을 버리자. 그 심리적 경계선만 없애도 아이 스스로 "공부하고 싶어!"라고 말할 때가 온다.

사실, 공부와 놀이는 이름만 다를 뿐 내용에는 차이가 없다. 공부는 강제로 하는 것, 놀이는 스스로 하는 것. 이미지 면에서 이런 차이가 있을 뿐이다. 강제로 하는 일은 그게 무엇이든 재미있을 리가 없다. 공부는 억지로 하는게 아니라는 마음가짐을 심어 주는 것이 근본적인 해결책이지만 솔직히 말해 쉽지 않은 일이다.

그럴 때 '이름'을 바꾸는 방법을 써보면 어떨까? 즉, 공부에 '놀이'라는 이름표를 붙여 버리는 것이다.

어른도 쉽게 속는 이름 바꾸기

공부를 다르게 부른다 해서 무슨 큰 의미가 있을까? 하는 의문이 생기는 것도 당연하다. 앞으로 공부할 내용이 재미있을지 없을지는 직접 해봐야 알 수 있는데 안타깝게도 많은 아이가 교재의 겉표지나 제목만 보고 '재미없을 것 같아'라고 판단하고는 안 하려 한다. 그래서 아이의 관심을 끌 수 있는 아이디어가 필요한데, 이때 효과적인 것이 '이름 바꾸기'다.

실제로 이 세상에는 제품 이름만 바꾸었는데도 사람들의 관심이 폭발적으로 증가한 사례가 넘치도록 많다. 예를 들면, 이름만 바꾸었는데 판매량이 17배나 증가한 양말이 있다. 일본에서 가장 잘 팔리는 양말 업체가 자사의 양말 제조 기술을 결집해서 개발한 신제품을 출시했다. 그 이름은 '따뜻한 삼음교_{발 안쪽 복사뼈의} _{중심에서 세 치 위에 있는 혈 자리-옮긴이} 양말'. 그러나 초라한 판매 성적표를 받게 된 회사는 2년 뒤 양말 이름을 '안방 난로 양말'로 바꾸었고 무려 17배 이상 판매되는 쾌거를 이루었다. 고급 티슈 '코셀렙'도 마찬가지다. '모이스처 티슈'였던 이름을 바꾼 뒤 10배 이상 판매되었다. 사람들은 이름만 바뀌어도 '어? 왠지 좋아 보이네'라고 생각한다.

'공부'에 다른 이름을 붙이기

실제로 내가 가르치는 학생 중 한 명도 그랬다. 초등학교 4학년 때부터 공부를 너무나 싫어한 아이였다. 예전부터 부모님에게 공부하라는 잔소리를 계속 들어서 공부에 나쁜 이미지가 생긴 것이다. 학원에 와서도 "이제부터 수학 문제를 풀 거야"라고 하면 "싫어요. 안 할래요"라면서 선생님 말씀을 귓등으로도 듣지 않았다. 그때 이 아이에게 "그럼, 도형 퍼즐을 할래?"라고 말하면서 같은 문제를 건넸더니 글쎄, "할게요!" 하면서 덥석 받는 것이다. 아이가 해낼 수 있는 수준의 문제부터 조금씩 풀게 했더니 점점 재미를 느꼈는지 지금은 완전히 도형 퍼즐 마니아가 되었다.

이러한 이름 바꾸기는 가정에서도 간단하게 할 수 있다. 수학은 '퍼즐'로, 과학이나 사회는 '퀴즈'로 이름을 바꿔 보자. 아이가 이런 방식에 익숙해지면 텔레비전의 퀴즈 프로그램처럼 문제를 내는 방식도 다양하게 시도하자. 재미를 느낀 아이가 더 하자고 조른다면 효과가 얼마나 클까. '짜잔!' 같은 효과음도 내면서 하면 더욱 재미있을 것이다.

정리하기

아이는 이름에서 느껴지는 인상으로 사물을 판단하기 쉽다. 공부에 재미있어 보일 수 있는 이름을 붙이자.

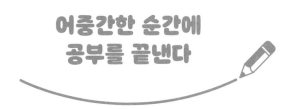

어중간한 순간에
공부를 끝낸다

"이 단원을 끝마친 뒤에 놀자, 알았지?"

아이에게 항상 이런 말을 하고 있지 않은지 돌아보자. 이건 정말이지 아까운 기회를 놓치는 것이다. 이제부터는 아이가 공부를 더 하고 싶어 할 때 "자, 시간 됐으니까 이제 그만하자!" 하면서 끝내도록 하자. 어중간한 부분에 공부를 끝내야 아이에게 '좀 더 하고 싶은데……'라는 마음이 생기기 때문이다.

아이는 '60초 후에!'가 더 잘 먹히는 존재

왜 그렇게 어중간한 부분에서 공부를 끝내야 더 하고 싶은 마음이 생긴다는 걸까? 인간에게는 마치지 못한 일일수록 마음속에서 쉽게 지우지 못하는 습성이 있기 때문이다. 끝까지 잘 수행한 일보다 미완성이거나 실수가 있었던 일들을 더 잘 기억하는데, 이것을 자이가르니크 효과Zeigarnik Effect라고 한다.

여러분도 한창 재미있게 텔레비전 방송을 보고 있는데 결정적인 순간 갑자기 '60초 후 계속됩니다!' 하는 장면이 나와 안달 났던 경험이 있지 않은가. 예능이든 드라마든 뒷이야기가 궁금해지는 부분에서 끝을 내서 다음 회를 놓치지 않고 꼭 보고 싶게 만든다.

특히 인터넷 게임은 어떻게 해야 이용자가 게임을 지속하게 할까 이리저리 궁리해서 제작된다는 사실을 아는가? "이번 판까지 하고 게임 끄자" 하며 굳게 약속했지만 전혀 지키지 못하고 게임을 계속하는 아이에게 어쩐지 배신당한 기분마저 들었던 적이 많을 것이다. 그러나 아이의 이러한 행동은 당연한 결과다. 인터넷 게임에는 도중에 멈출 수 있는 부분이 없기 때문이다. 그렇다면, 공부도 인터넷 게임처럼 더 하고 싶어서 안달나게 하면 되지 않을까?

시간을 짧게 나눠서 집중하게 한다

방법은 시간을 짧게 나눈 다음, 해야 할 일을 순서대로 바꾸는 것이다. 해야 할 일의 지속 시간은 자녀의 나이에 맞게 정하면 되는데 유아기에는 '나이+1분' 정도의 작업에 집중할 수 있다고 한

다. 그러니 초등학교 고학년이라 해도 15~30분이 한계일 것이다. 따라서 10~20분을 기준으로 늘리거나 줄이면서 조정하면 좋겠다.

우리 학원에서 하는 초등학생 퍼즐 수업은 [시간제한 퍼즐(10분) → 선생님의 설명(10분) → 깊이 생각해야 하는 메인 퍼즐(20분) → 대결 퍼즐(10분)]로 구성되어 있다. 각 파트가 의도적으로 '좀 더 하고 싶다'는 마음이 일어날 때쯤 끝나기 때문에 아이는 다음 주 수업을 고대하게 된다.

혹시라도 아이가 "엄마, 좀 더 하고 싶어요."라고 말하면 너무 기쁜 나머지 계속해서 공부를 더 시키고 싶어질지도 모르겠다. 하지만 조심하자. 이 순간 부모가 만족해 버리면 아이의 '더 하고 싶다'는 마음은 저 멀리 도망간다. 마음을 굳건히 먹고 "오늘 공부는 여기까지니까 다음에 또 하자" 하면서 다음 할 일을 진행해야 한다.

적은 당신 내부에도 있다

부모는 공부가 어중간한 부분에서 끝났다는 점이 신경 쓰여 마음이 불편할 것이다. '좀 더 해야 하는데……' 하며 말이다. 그러니 여태까지 "이 단원까지만 끝내자"라고 말해왔던 게 아니겠는가.

여러분은 자신의 마음이 후련해지는 것에 만족할 것인가, 아니면 아이에게 '좀 더 하고 싶다'는 마음이 들게 할 것인가. 이 순간 계속해서 공부를 시키고 싶은 부모의 욕구를 이겨낼 수만 있다면 자녀는 공부를 좋아하는 아이로 한 걸음 나아갈 수 있다.

정리하기

공부는 아이가 "좀 더 하고 싶은데……"라고 할 때 과감히 끝내고, 아쉬운 순간을 많이 만들기 위해 공부 시간을 짧게 나누자.

아이가 보는 앞에서 공부하자

'집에 있을 때는 될 수 있으면 아이와 놀아줘야지. 내 공부나 할 일은 아이가 잠든 후에 해야겠다.'

이렇게 생각하는 부모가 많을 것이다. 그런데 이건 정말 아까운 일이다. 아이와 함께 보내는 시간이 생기면 더 많이 놀아 주려 할 게 아니라 아이 앞에서 공부를 시작해 보자. 솔직히 말해 부모가 공부하는 모습을 아이에게 보여 주는 것이 아이가 공부를 좋아하게 만드는 제일 효과적인 방법이다. 아이는 어른을 흉내 내고 싶어 하기 때문이다.

아이는 좋아하는 사람을 흉내 내고 싶어 한다

사람은 무의식적으로 다른 사람을 흉내 내고 싶어 한다. 다른 사람이 맛있는 음식을 먹고 있으면 자신도 먹고 싶어진다거나 가족들이 텔레비전을 보고 있으면 어느새 자기도 옆에 앉아 함께 보는 것처럼 말이다. 이 밖에도 친구가 슬퍼하며 울고 있을 때 곁에 있다가 같이 울어 버린 경험이 여러분에게도 있지 않은가? 어린아이의 경우에는 친구가 가진 장난감을 자기도 갖고 싶어 할 때가 있다.

이런 일들은 뇌에서 일어나는 무의식적인 작용 때문에 일어난다. 심리학에서는 이것을 '목표 전염'이라고 부르는데, 특히 가족이나 친구 등 친밀한 관계에서 더 일어나기 쉽다.

하버드대학 니콜라스 크리스타키스Nicholas Christakis 교수의 조사와 연구에 의하면 목표 전염 현상 때문에 비만이 마치 감염 질환처럼 퍼져 나간다고 한다. 어떤 사람의 친구가 비만일 경우 그 사람도 장래에 비만이 될 위험성이 171%나 증가하는데, 먹는 행동을 흉내 내기 때문에 결과적으로 똑같이 비만이 된다는 것이다.

공부를 좋아하는 마음을 아이에게 전염시킨다

이제는 무슨 뜻인지 이해가 될 것이다. 비만도 전염되는데 '우수한 성적'도 전염시킬 수 있지 않겠는가. 공부하는 행동을 흉내 내면 결과적으로 성적이 우수해지기 마련이다. 당신이 아이 앞에서 싫은 기색 없이 적극적인 자세로 즐겁게 공부하는 것은 아이에게 최고의 본보기가 된다. 아이가 사춘기를 앞둔 열 살 이하라면 그 효과는 더욱 절대적이다.

반대로 당신이 공부나 일에 소극적이고, 평소에도 푸념을 늘어놓거나 부정적인 자세를 보이면 아이도 점점 공부를 싫어하게 된다. 장래의 취직이나 직업에 대해서도 어두운 상상만 하게 될 것이다. 만일 자신을 돌아봤을 때 짚이는 데가 있다면 제일 먼저 자신의 마음을 바꾸는 데 주력하자.

정리하기

아이 앞에서 공부하자. 정해진 시간에 거실에 모여 가족 모두가 공부하는 습관을 들이면 더 효과가 크다.

숙제를 게임처럼 하기 위한 네 가지 요소

다른 집 아이들은 하나같이 숙제를 열심히 해 간다는데 우리 아이만 책상 앞에 앉으려 하지를 않는다. 아이에게 이유를 물으니 "숙제는 재미없잖아요"라고 대답한다. 아무리 그렇더라도 숙제는 당연히 해야만 한다. "잔말 말고 숙제부터 해"라고 하면 "예, 할게요. 좀만 있다가요" 하며 건성으로 대답한다. 당연히 부모의 걱정은 점점 커진다.

우리 아이만 그런 게 아니니 걱정하지 말자. 학원에서 아이들을 가르치는 나도 이런 걱정을 할 때가 있다. 그러나 가만히 앉아 걱정만 하지는 않는다. 숙제를 게임처럼 바꿔서 재미있게 하기 때문이다. 그 방법을 설명하기 전에 게임과 공부의 차이를 먼저 살펴보겠다.

게임에는 있지만 공부에는 없는 것

'공부는 재미없으니까 하기 싫다'는 마음은 당연하다. 그렇다면 재미있게 바꿔주면 된다. 공부야말로 아주 약간의 설정만 더해주면 즉시 게임으로 바뀐다.

게임에 반드시 있어야 하는 요소는 무엇일까? 나는 다음과 같은 네 가지라고 생각한다.

1. 신선한 자극이 있다.

2. 완수해야 할 미션이 있다.

3. 너무 간단하지도 어렵지도 않은, 적당한 난이도다.

4. 반응이 즉각적이다.

이 네 가지를 순서대로 보면 그야말로 'ARCS 모델켈러의 동기유발 교수설계이론으로, 동기유발의 네 가지 요건인 주의, 관련성, 자신, 만족을 충족시키도록 수업을 설계하면 효과적이라는 이론이다-옮긴이'에 해당된다. 게임에는 의욕을 일으키는 장치가 들어 있기 때문에 아이가 푹 빠진다. 마찬가지로, 공부에 이러한 요소를 담으면 게임처럼 아이가 빠져들게 하는 것도 가능하지 않겠는가. 자세히 살펴보자.

1. 신선한 자극이 있다(A).

괴물이 모여 있는 소굴로 들어갈 것인가 아니면 토너먼트에서 이기며 앞으로 나아갈 것인가. 재미있는 게임은 할 때마다 색다른 자극을 준다. 반면에 계산 문제나 한자 외우기처럼 늘 똑같은 문제는 똑같기 때문에 재미가 없다. 그러니 어떻게 아이에게 하면 새로운 자극을 줄 수 있을지 궁리해야 한다.

2. 완수해야 할 미션이 있다(R).

'마왕을 쓰러뜨리고 세계를 구한다', '함께 게임을 하는 친구보다 먼저 목표 지점에 도달한다', '공을 차서 골을 넣는다'처럼 게임에는 알기 쉬운 목표가 있다. 공부에도 '코딩 대회에서 입상한다', '나중에 원하는 대학에 합격한다'와 같은 명확한 목표가 있으면 아이는 몰두한다. 목표도 없이 그저 문제를 푸는 것은 아이에게 고통일 수밖에 없다.

3. 너무 간단하지도 어렵지도 않은, 적당한 난이도다(C).

사람은 승부를 좋아하지 않는다. 오직 이기는 걸 좋아한다. 계속 지기만 하면 할 마음이 사라진다. 아무리 열심히 해도 완수할 수 없을 것 같은 고난도 미션을 좋아하는 사람은 핵심 팬들뿐이다. 게임을 비교적 가볍게 즐기는 유저에게 갑자기 시킨다 해서 할 수 있는 게 아니다. 아이에게 너무 어려운 과제를 갑자기 내지 않도록 부디 주의하자.

4. 반응이 즉각적이다(S).

인간은 쉽게 싫증을 낸다. 결과가 나올 때까지 시간이 걸리면 점점 흥미를 잃는다. 비디오 게임의 경우, 한 가지 미션을 완수하는 데 걸리는 시간은 몇 분, 많아야 10여 분 정도고 완수하면 곧바로 축하 화면이 스크린에 가득 찬다. 야구나 축구는 시합 결과가 나올 때까지 몇 시간이 걸리지만, 득점 상황이 곧바로 스코어보드에 표시되므로 어느 팀이 이기고 있는지 언제나 알 수 있다. 결과가 나오기 전부터 결과에 기대를 품도록 부추기기까지 한다.

그런데 공부는 시험을 보고 결과가 나올 때까지 걸리는 시간이 길다. 빠르더라도 최소 며칠은 걸린다. 이 부분이 개선해야 할 포인트다.

앞서 설명한 네 가지 요소를 사용해서 숙제를 게임처럼 바꿔보자. 그러면 우리 아이가 공부를 게임처럼 즐기게 될 것이다.

정리하기

게임이 가진 'ARCS 모델'을 고려하여 공부를 게임처럼 바꾸자.
조금의 설정만 더해주면 공부는 즉시 게임으로 바뀐다.

지루한 연산을 주사위 놀이로 바꾼다

'공부를 게임처럼 바꾸라는데 좋은 아이디어가 떠올라야 말이지.' 지금쯤 이런 고민을 하고 있을 테니 구체적인 사례로 설명하겠다. 아마 일부 가정에서는 아이의 공부 진도가 어디까지 진행됐는지 관리하기 위해 표를 만들어 기록하고 있을 것이다. 표를 통해 아이의 노력을 눈으로 확인하면 이렇게 관리하길 잘했다(S)는 뿌듯함마저 든다. 여기에 한 가지 방법을 추가하면 재미(A)가 더해지므로 일석이조가 되는데, 내가 담당하는 고학년 수학 수업에서 실제로 활용하는 방법이다.

주사위와 득점표를 사용하자

우리 학원에서는 완성도가 매우 높은 수학 교재에서 숙제를 낸다. 이 교재는 서점에서 누구나 구할 수 있는 문제집인데 중간보다 조금 어려운 수준의 문제들이 모여 있다. 회당 80점 이상의 점수가 나올 때까지 반복해서 풀면 웬만한 중학교 문제는 풀 수 있는 힘을 길러 주는 훌륭한 교재다.

그런데 이 교재에는 아이들의 공부를 방해하는 2개의 걸림돌이 숨어 있다. 바로 '시각적 위압감'과 '재미없음'이다. 교재에는 1회에 10문제인 시험이 100회 수록되어 있는데, 아이에게 100회나 되는 시험은 보기만 해도 정신이 아득해질 만큼 천문학적인 숫자다. 게다가 한눈에 봐도 교재의 두께가 장난이 아니다.

이 엄청난 양을 꾹 참고 문제를 풀기 시작하면 어느새 다음 걸림돌인 '재미없음'이 서서히 나타난다. 무미건조한 10문제짜리 시험을 30회 정도 풀면 한숨과 함께 손이 멈춘다. 쉬운 문제가 아니기 때문에 지금은 40점 정도의 낮은 점수가 나오지만 언젠가는 90점이 될 거라는 희망을 품고 아이는 열심히 푼다. 하지만 문제를 대하는 마음이 바뀌어야 실력도 쌓이고 성적이 오른다는 실감도 날 텐데 그저 참고 풀기만 하니 안타까운 일이다.

두꺼운 교재에서 느껴지는 위압감과 재미없음을 극복하는 데 효과적인 것이 주사위와 득점표다. 주사위는 정이십면체, 정십이면체, 정팔면체, 정육면체, 정사면체 주사위를 사용한다. 정이십면체 주사위를 이용해 득점표 위에서 주사위 놀이를 하는 것부터 문제 풀이를 시작한다. 득점표는 100회까지 있다. 주사위를 던져서 나온 눈이 16이라면 교재의 제16회를 푼다. 다음에 나온 눈이 12라면 16+12로 계산해서 28회를 푼다. 주사위를 사용하는 신선한 방법으로 주의집중(A)을 자극하면서 목표를 향해 나아간다는 미션도 부여해 이유(R)도 자극하는 것이다.

주사위 놀이가 이어져 모두 더해 100을 넘는 숫자가 나와 교재를 더 풀 수 없게 되면 다른 주사위로 바꿀 시기가 온것이다. 주사위는 정이십면체→정십이면체→정팔면체→정육면체→정사면체처럼 점차 면이 적은 것으로 바꾼다. 목표를 달성하기까지는 시간이 걸리지만, 주사위를 바꿔가며 하는 재미 덕분에 아이는

득점표 샘플	테스트 내용	1	2	3	4	5	6	7	8	9	10	소계	합계득점
	1~10	100	80	90	100	80	80	80	80	100	80	870	3840
	11~20	80	80	100		100		100	100		90	650	
	21~30			80	90		90			100		360	합격수
	31~40	100		100		80			90		90	460	
	41~50		90	100					80			270	43점
	51~60	100				80		100				280	
	61~70			100					80	90		270	
	71~80	80				100				100		280	레벨 81
	81~90			80		80					80	240	
	91~100		80						80			160	

신나게 공부한다.

이런 방식으로 진행하면 득점표가 한쪽부터 차곡차곡 채워지는 게 아니라 군데군데 비어 있는 모양으로 만들어진다. 이 방법에는 게임 같이 즐기며 할 수 있다는 것 외에도 두 가지 장점이 더 있다.

하나는 여기저기 분산되어 채워지니까 아이가 스스로 문제를 많이 풀고 있다고 느끼는 점이다. 자신감이 붙은 아이는 더욱 성실하게 연산 문제를 풀게 된다. 또 다른 하나는, 득점표의 빈 곳을 채우고 싶어진다는, 전혀 생각지 못한 효과다. 어느 날 아이들이 조용히 문제를 풀고 있어서 왜 그런가 하고 들여다보니 빈 칸을 채우기 위해 주사위 놀이를 하지 않는데도 문제 풀이에 집중하고 있었다. 덕분에 내가 예상했던 기간보다 빨리 교재를 끝낼 수 있었다.

부디 여러분의 가정에서도 이런 방법을 연산 학습에 적용하면 좋겠다.

정리하기

어디에서 시작해도 크게 상관없는 교재라면 풀어야 할 페이지를 주사위로 정하자. 주사위가 없으면 제비뽑기나 사다리 타기로 정해도 괜찮다.

성장을 수치화해서 자기 성장 게임을 한다

'게임처럼 바꾸라지만 막상 하려면 쉽지 않을 거야……' 같은 고민은 이제 말끔히 사라졌을 것이다. 방법만 살짝 바꾸면 공부를 충분히 게임처럼 할 수 있으니 말이다.

노력이 헛수고가 되지 않는 성장 게임

주사위 놀이 다음에 했던 방법 중 큰 성공을 거둔 것이 자기 성장 게임이다. 이 게임도 방법은 간단하다. 게임 속 캐릭터의 레벨을 높이는 것처럼 득점표 점수를 활용해 자신의 레벨을 높이는 것이다. 주사위 놀이를 할 때 '이번엔 어떤 수가 나올까?'라는 기대감이 있었다면, 성장 게임에는 그에 못지않은 새로운 장점이 더해진다. 바로 테스트에서 높은 점수를 딸수록 이득이라는 깨달음이다. 재미(A)만이 아니라 문제를 푸는 보람(R)이 생기는 것이다. 방법도 어렵지 않다. 합격점을 정한 뒤 이를 충족하면 레벨이 오르는 간단한 게임이다.

성장 게임 표		1회	2회	3회	4회	5회
		100	92	89	92	100
		6회	7회	8회	9회	10회
		88	92	96	96	100
		11회	12회	13회	14회	15회
		96	100	96	96	92
레벨	17	16회	17회	18회	19회	20회
HP	1897	96	96	88	92	100

위의 표는 총 20회인 영어 시험에서 합격점을 통과한 개수를 레벨로 하고 합산 점수를 HP로 해서 집계한 것이다. 합격점은 90점으로 정했고 합격한 시험은 회색으로 칠했다. 합격점을 통과한 테스트가 늘어나면서 레벨이 올라갈 때마다 강한 모습의 몬스터 스티커를 붙여줬더니 아이들은 그야말로 흥분의 도가니에 빠졌다.

이 규칙을 조금 다르게 응용할 수도 있다. 내 경우, '합격점 통과'와 각 시험의 점수와는 상관없이 총 점수를 합한 '누적 점수'를 레벨 업 기준으로 정했다. 누적 점수는 100점을 한 단위로 했다.

예를 들면, 60점, 60점, 90점을 맞으면 전부 더해 210점이 되므로 누적 점수에 의한 2레벨, 합격점에 의한 1레벨을 모두 합치면 3레벨이나 오르는 것이다. 학생들에게도 이전보다 얼마만큼 레벨이 올랐는지 알려 주어 자신의 성장을 실감할 수 있게 했다.

이렇게 규칙을 조금 변형한 이유는 난이도 균형을 맞추기 위해서다. 합격점만 쓰이는 규칙만 있으면 아이가 시험에 통과하지 못했을 경우, 자신이 쓸데없는 노력을 했다고 여길 수 있기 때문이다. 특히 수학 시험은 푸는 시간도 오래 걸리기 때문에 자신이 쓸데없는 짓을 했다는 생각이 들면 실망감도 커지고 포기하는 마음이 생겨 자칫하면 다음에 잘해야겠다는 의욕마저 사라진다. 그래서 20점이든 10점이든 누적 점수로 인정한 것이다. 10번의 시험에서 10점씩만 받아도 레벨이 올라간다. 이처럼 미약하지만 노력을 인정하고 반영하는 것도 성장 게임에 필요하다.

합격점을 통과하면 당연히 레벨이 올라가므로 만일 아이가 100점을 맞으면 레벨 업 속도는 눈부시게 빨라진다. 처음에는 점수를 긁어모아서 겨우 레벨을 쌓던 학생도 새로운 문제를 많이 푸는 것보다 불합격이던 점수를 합격점까지 끌어올리는 게 훨씬 효율적이라는 사실을 알아차린다. 이처럼 레벨을 올리고 싶다는 일념을 활용한 간단한 방법으로 아이들이 공부에 의욕을 갖도록 지도했다.

우리 학원에서 하는 모의시험은 매회 출제 범위가 변하고 난이도가 제각각이라 아이의 성적이 들쑥날쑥하기 마련이다. 게다가 상대평가이기도 해서 자신의 노력이 곧바로 성적으로 나타나지 않는다. 파도처럼 출렁거리는 모의시험 결과 앞에서 자신의 성장을 실감하지 못하는 날들을 보내면 아이는 의욕을 잃어버린다. 그러므로 평소에 1점이라도 소홀히 하지 말고 아이의 노력을 인정해 주자.

　가정에서도 매일 해야 하는 숙제를 수치화해서 레벨 업을 즐길 수 있는 성장 게임으로 바꾸어 보자. 숙제를 재미있게 하다 보면 모의시험에서도 좋은 결과가 반드시 따라온다.

정리하기

학습에 '레벨 업'이라는 규칙을 도입한다. 어떤 노력이든 반드시 반영해서 기분 좋게 공부할 수 있게 한다.

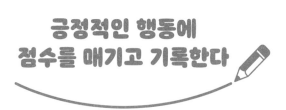

긍정적인 행동에 점수를 매기고 기록한다

지금까지 연산 풀이를 주사위 놀이처럼 바꾸거나 시험 점수를 반영해 자기 성장 게임으로 만드는 방법을 소개했다. 이번에는 한 발 더 나아가, 아이의 모든 행동에 점수를 매겨서 게임으로 만드는 새로운 방법을 소개하겠다.

'지고 싶지 않아'보다 '이기고 싶어!'라는 마음

지고 싶지 않은 마음과 이기고 싶은 마음은 어떻게 다를까? 바로 '승부에서 비기는 경우'가 좋은지, 싫은지에 따라 다르다.

[지고 싶지 않아] 이긴다 → 좋다, 비긴다 → 좋다, 진다 → 싫다
[이기고 싶어]　　이긴다 → 좋다, 비긴다 → 싫다, 진다 → 싫다

지고 싶지 않다는 마음이 큰 아이라면 승패가 나지않는 상황이 좋다. 이기는 일도 없지만 지는 일도 없기 때문이다. 운동회에서 '보물 찾아서 달려오기' 게임을 할 때 아이들이 손잡고 함께 들어오는 장면은 지는 아이가 없는 최고의 모습이다. 하지만 이런 경우 많은 아이가 '딱히 재미있는 건 아냐'라고 생각한다. 운동회에서 가장 인기 있고 응원 열기까지 대단한 것은 단체 무용이 아니라 기마전이나 계주 경기다. 달리기를 해도 다 같이 손을 잡고 들어오는 것보다 전력으로 경주하고 싶어 한다. 즉, 많은 아이들이 '지고 싶지 않아'가 아니라 '이기고 싶어'라는 마음으로 승리를 원하는 것이다. 이들은 이기고 지는 것이 없으면 재미도 없다고 느낀다.

그렇다면 여기서 생각해 보자. 여러분의 자녀가 매일 하는 공부에서 어떻게 하면 승리를 거머쥘 수 있을까?

행동에 점수를 매기면 자신과의 승부의식이 생긴다

대부분의 아이가 학원에서 시험볼 때는 한 문제라도 더 풀고자 필사적으로 매달리지만 집에서 공부하기는 싫어한다. 공부만이 아니다. 아이는 테니스든 야구든 시합이라면 필사적으로 덤벼들지만 집에서 라켓이나 야구 배트를 휘두르는 연습은 만사가 귀찮은 듯 좀처럼 할 생각이 없어 보이니 말이다. 경험이 쌓이고, 이기기 위해서는 평소에도 준비를 해야겠다는 진심 어린 생각을 해야 비로소 집에서도 연습을 하기 시작한다. 그러므로 학원에 다닌 지 얼마 안 됐을 때나 야구나 테니스를 시작한 지 얼마 안됐을 때 아이가 자주적으로 행동하길 크게 기대하지 말자.

여기서 권하고 싶은 것이 집에서 하는 연습에 점수를 매기는 것이다. 체조나 피겨스케이팅에서 점프 회전수에 따라 기초 점수를 획득하는 규칙이 있는 것처럼, 아이의 행동을 평가해 점수를 매기는 방식이다.

예를 들어, 30분 공부하면 1포인트, 5문제를 풀면 1포인트처럼 평가 규칙을 정하고 점수를 집계하면 된다. 매일 기록해 나가면 변화하는 모습도 눈으로 볼 수 있다. 그리고 승부욕까지 생긴다. 점수가 갈수록 높아진다는 의미는 과거의 자신을 이겼다는 의미이기 때문이다.

긍정적인 행동만 평가한다

여기서 조심해야 할 것이 있다. 평가는 긍정적인 행동에만 해야 한다는 점이다. 좋은 행동을 칭찬하는 것은 반대되는 나쁜 행동을 줄이는 가장 좋은 작전이다. 사람은 남이 지적하면 오히려 반대로 행동하고 싶어진다. 고치기 바라는 나쁜 행동을 지적하고 혼내도 소용없었던 경우가 지금까지 많지 않았는가?

우리 학원에서는 지각한 횟수를 세기보다는 제시간에 온 횟수를 세고 있는데 이렇게 하니 결과적으로 지각 횟수가 줄었다. 몇

좋은 행동을 칭찬해서 나쁜 행동을 줄인다.
긍정적인 면에 주목해야 아이의 의욕이 샘솟는다.

번이나 숙제를 잊었는지 세기보다 숙제를 몇 번 제출했는지 셌더니 숙제 제출이 늘었다. 텔레비전을 보는 시간보다 공부한 시간을 재고 칭찬했더니, 텔레비전 보는 시간은 줄고 공부하는 시간은 늘어났다. 긍정적인 면에 주목해야 의욕도 샘솟는 법이다.

승리에는 축하가 필요하다. 성공을 축하하면 다음 발걸음을 한결 힘차게 만든다. 아이가 움직이길 원하는가? 그렇다면 아이의 승리를 축하하자!

정리하기

아이의 좋은 행동에 점수를 매기면서 게임처럼 바꾸자. 점수가 오르면 크게 축하하고 칭찬해 주자!

슈퍼마켓에서 장을 보면서 퀴즈를 낸다

어른뿐 아니라 아이도 공부는 반드시 학원이나 집 책상에 앉아서 해야 한다고 생각한다. 하지만 이건 매우 유감스러운 오해다. 우리는 중학교 입학을 앞둔 학생들을 전문적으로 가르치는데 책상 이외의 장소에서 경험하는 학습이 모의시험의 합격 여부나 중학교에서의 성적에 크게 영향을 미친다. 그리고 중학, 고교, 대학이라는 장기 레이스에서 더 깊은 학습으로 이어진다. 여기에는 다음과 같은 이유가 있다.

중학교의 과학과 사회는 어렵지 않다

일본의 일부 사립중학교 입시 문제는 어렵기로 유명하다. 확실히 수학은 어른에게도 좀 어려울 것이고 국어 독해도 난해한 문제가 많다. 하지만 과학이나 사회는 그렇지 않다. 과학과 사회에서 이해하기 어려운 내용을 묻는 문제는 드물다. 단지 대부분은 출제 범위가 너무 넓어 내용을 다 외우지 못해 어렵게 느껴질 뿐이다. '어려워서 이해가 안 돼'와 '못 외워서 모르겠어'는 전혀 다르지 않은가.

일회성 수업보다는 생활 속에서 퀴즈 반복하기

다시 말해 과학과 사회 공부는 외우는 것이 힘들다는 뜻이다. 자, 그렇다면 어떻게 외워야 할까? 당연히 단원을 짧게 나눠 아이들의 이해를 돕는 수업을 여러 번 하는 게 최고다. 그러나 일반적인 학원의 커리큘럼은 넓은 범위로 나뉘어 있고 같은 수업을 반복하지 않아 한 주에 배운 내용을 그 주에 다 외워야 한다. 여러분도 이미 눈치챘겠지만, 외워야 할 양이 상당히 많다. 그래서 학원에서는 몇 번이나 반복할 시간적 여유가 없는 것도 사실이다. 여기서 권하고 싶은 것이 일상생활에서의 퀴즈 대회다.

일본의 경우에는, 사립중학교 입시 공부를 하다 보면 각 지방의 대표적 농산물을 외워야 하는 때가 온다. 그리고 농산물의 원산지는 슈퍼마켓에 가면 눈에 잘 띄게 적혀 있다. 우리는 부모에게 아이와 물건을 사러 갈 때마다 "이 피망은 어디서 재배되었지?", "이 돼지고기는 어디서 왔지?" 같은 퀴즈를 내라고 조언한다. 그러면 아이는 자연스럽게 다양한 생산물의 산지를 외우게 된다.

부모가 모든 정답을 알고 있을 필요는 없으니 안심하자. "피망 생산지 1위는 어디일까?"라고 아이에게 퀴즈를 낸 뒤에 "헤이, 시리!"라거나 "OK, 구글!" 하며 스마트폰을 불러 정답을 확인하면 되기 때문이다. 아이에게 '모르는 것은 알아본다'는 자세를 보여 주면 된다.

쉽게 떠올릴 수 있게 슈퍼마켓을 예로 들었지만, 어디까지나 예시 중 하나다. 슈퍼마켓 말고도 하늘을 올려다보면 달과 별, 태양과 대기, 거리를 둘러보면 식물과 곤충, 부엌을 뒤져보면 아세트산과 탄산수소나트륨, 염산(세제) 등 과학 상식을 여기저기에서 접할 수 있다. 생활 속에서 퀴즈를 풀었을 뿐인데 아이에게는 훌륭한 공부가 되고 정말로 재미있는 놀이가 된다.

자이언스 효과로 과학과 사회가 좋아진다

평소 생활 속에서 다양한 시험 관련 지식을 접해 두면 아이는 많은 것을 자연스럽게 기억한다. 이 중에는 시험에서 직접 묻는 내용도 있을 것이고 시험에서 묻지 않는 잡학도 있겠지만 상관없다. 다양하고 폭넓게 알고 있다는 점이 중요하다. 그 이유는 '알고 있으면 좋아하게 되기' 때문이다. 이것은 '소비자는 브랜드 인지도가 높을수록 고품질로 느낀다'는 자이언스 효과 Zajonc Effect

로 증명된다.

여러분의 자녀도 이전부터 알고 있던 지식과 관련된 내용을 학교 수업에서 배우면 "앗, 나 저거 알아!", "저거 정말 좋아하는데!", "역시 재미있어!" 하며 기뻐한다. 다양한 지식을 알고 있다는 자신감이 생겨 수업에 더욱 흥미를 갖고 집중하게 된다. 이쯤 되면 부모가 아이의 공부를 위해 더 할 게 없어진다. 초등학생 때부터 과학과 사회를 좋아하게 되면 중학교, 고등학교에서 배울 심화 과학과 사회도 어려워하지 않고 재미있게 공부할 수 있다.

또한 일찍부터 과학과 사회에 제반 지식을 갖고 있으면 본격적으로 중학교를 대비해야 하는 5, 6학년이 되었을 때 학습 시간을 수학, 국어에 더 투자할 수 있다. 그러므로 이러한 방법은 수학, 국어 성적 향상에도 간접적으로 영향을 준다.

정리하기

주변에서 일어나는 일이나 사물을 과학과 사회 공부로 연계하는 '퀴즈 대회'를 매일 열자. 부모가 정답을 모르면 스마트폰으로 검색하면 된다.

간단한 두뇌 트레이닝 장난감으로 함께 논다

지금까지의 설명을 통해 공부와 놀이에는 내용적인 면에서 경계가 없다는 사실을 알았을 것이다. 재미있기만 하면 무엇이든 게임이 된다. 필요한 것은 오직 공부를 게임으로 바꾸기 위한 아이디어다.

그런데 그런 아이디어가 쉽사리 떠오르지 않는 게 문제다. 공부를 게임으로 전환할 때 어떤 방식을 따를 건지 규칙을 궁리하고, 동시에 아이의 흥미가 불타오를 만한 적당한 난이도인지 따져야 하니 얼마나 귀찮은가. 이럴 때 좋은 도구가 바로 지식을 키우는 두뇌 트레이닝 장난감이다. 아이가 즐겁게 배울 수 있도록 전문가의 손으로 짜놓았으니 구매해서 놀기만 하면 된다.

두뇌 트레이닝 장난감이란 무엇일까?

두뇌 트레이닝 장난감은 크게 '지혜'를 키우는 것과 '지식'을 키우는 것으로 나눌 수 있다. 지혜를 위한 대표적인 학습 장난감은 퍼즐과 블록이다. 가지고 놀면서 도형 감각을 키우기도 하고 크기와 부피감도 체득할 수 있다. 지식을 위한 장난감에는 단어 카드, 사운드 북 등이 있다. 역사, 인물, 지리, 문화, 언어, 자연 등 주제도 다양하다.

지혜든 지식이든 어느 한쪽에만 집중하는 것보다 균형적으로 기르는 게 가장 좋다. 특히, 도형과 크기, 부피 감각 등 지혜는 익히는 데 시간이 걸리므로 이른 시기부터 차근차근 조금씩 키워나가면 좋겠다. 단, 아이의 뇌 발달 단계에 따라 놀이 자체가 곤란한 경우가 있다. 예를 들면, 정육면체나 직육면체로 도형 감각을 기르는 놀이는 6~7세 정도의 아이에게는 확실히 어렵다. 처음에는 잘 갖고 놀던 아이도 어려움을 느끼면 "재미없어"라고 말하며 놀이로 즐기지 못한다. 아이에게 적정한 레벨이 어느 정도인지 알아내려면 우리 같은 교육자도 신경 써서 아이를 관찰해야 한다. 그러니 아무리 부모라 해도 아이의 수준이 어느 정도인지 알아내는 게 쉬운 일이 아니다.

그러므로 어떤 학습을 우선시할지 고민된다면 우선 지식을 키우는 학습 게임을 고르자. 6~7세 정도의 미취학 아동이 행정 구역을 완벽하게 외우기도 한다. 세계를 빛낸 위인도 50명 정도는 재미있게 외울 수 있다. 이처럼 성과가 눈에 뚜렷이 보이면 부모도 신이 나서 더 적극적으로 참여할 것이다. '우리 애, 천재인가 봐!' 같은 기분을 만끽하자.

놀이로 외우는 지식은 심화된 지식일 필요가 없다. 즉, 단편적인 지식도 상관없다는 뜻이다. 어쨌든 외우는 양을 늘려나가기만 하면 충분하다.

예습은 미래를 위한 씨뿌리기

기억은 지식과 지식이 서로 네트워크화되어 생긴다는 말을 들어 본 적 있는지 모르겠다. 이전부터 갖고 있던 지식과 새로 들어온 지식이 연결되면 외우기 쉽고 기억을 재생하기도 쉽다. 그러므로 알고 있는 지식이 확장되어야 연결할 수 있는 네트워크의 수도 늘어난다는 사실을 기억해 두자.

이때 생각해봐야 할 것이 '예습'이다. 다시 말하지만, 지식을 미리 늘려 두면 이후에 배우는 새로운 지식은 기존에 갖고 있던 지식에 연결하기만 하면 된다. 그러므로 예습에는 새로운 내용을 알게 되는 효과뿐만 아니라 관련된 지식을 외우는 것 자체가 간단해지는 효과까지 있다.

그런데 일부 학원에서는 "예습은 하지 말아 주십시오"라고 말한다. 수업 중 선생님이 설명할 때 "저 그거 알아요!" 하면서 떠벌리는 아이가 있으면 수업을 진행할 때 방해가 되기 때문이다. 하지만 가르치는 입장에서 보면 예습 금지는 큰 잘못이다.

예습을 미래의 학습을 위한 씨뿌리기라고 생각하고 지식 안에서 아이가 신나게 뛰어놀게 하자.

아이가 재미있어하는 비결은 부모도 즐기는 것

아이에게 학습용 장난감을 사주긴 했지만 흥미가 계속 이어지지 않는다는 고민을 자주 듣는다. 아이가 금세 싫증 낸다는 것이다. 방법은 단 하나, 부모가 아이와 함께 놀며 즐겨야 한다. 잠시 여러분의 어린 시절을 생각해 보자. 즐거움은 무엇을 하는지보다 누구와 하느냐에 따라 크게 좌우되었을 것이다.

사다 주기만 하고 "너 혼자 놀아라~"라고 하면 아이는 당연히 재미없다. 아이는 좋아하는 아빠, 엄마와 놀고 싶다. 부모도 신나서 함께 놀아야 고르고 골라 장만한 학습용 장난감이 최고의 지식 놀이터가 될 것이다. 아이는 점점 똑똑해질 것이고 부모는 보람을 느껴 더욱 열심히 놀아 주고 싶어질 것이다.

정리하기

아이는 아빠, 엄마와 함께 놀면 무엇이든 즐겁게 한다. 학습용 장난감으로 아이와 재미있게 놀다 보면, 어느새 똑똑해진 아이에게 감탄하게 될 것이다.

과학관이나 박물관으로 '놀러' 간다

드디어 쉬는 날. 피곤한 몸을 바닥에 쭉 펴고 누워 있고 싶은데 아이가 "어디 놀러 가고 싶어요!"라고 말한다. 무거운 몸을 일으켜 간 곳은 꿈과 마법의 놀이공원……

그런데 그곳에 도사리고 있는 것은 1시간 이상을 서서 기다려야 하는 긴 줄이다. 드디어 놀이 기구에 올라탔지만 즐길 수 있는 시간이 겨우 몇 분이라 아이도 아빠도 허탈해진다. 화장실에 가려 했더니 여기도 역시 긴 줄. 가족 모두 녹초가 되고 결국 아이는 힘들다고 찡얼거리기 시작한다.

아빠는 "네가 가고 싶다고 했잖아!"라며 소리치고 싶은 기분을 꾹 참고 아이를 달랜다. 무사히 귀가해 정신을 좀 차리고 보니, 일요일은 벌써 끝……. 부자 사이에 피로감만 남았다.

이 이야기가 너무 극단적이지는 않을 것이다. 부모라면 누구나 이와 비슷한 휴일을 보낸 경험이 있을 테니 말이다. 이럴 때, 과학관이나 박물관에 가서 휴일을 보내는 방법을 권하고 싶다.

왜 아이와 과학관·박물관에 가야 하는가?

과학관과 박물관을 권하는 이유는 아주 단순하다.

1. 체험은 쉽게 기억으로 남는다. 이 말은 기억 체계와 관련된다. 즉, 인간은 단일 지식보다 감정이 동반된 경험을 쉽게 기억한다. 글은 몇 번이나 읽어도 잘 외우지 못하던 아이도 과학관, 박물관에서 보고 듣고 만지며 체험한 것은 금세 외우고 쉽게 잊지도 않는다. 어릴 때부터 과학관이나 박물관을 자주 데리고 가면 그야말로 최고의 예습이 될 것이다.

2. 부모로서 만족감을 느낀다. "공부가 되니까 가자"라고 하면 아이가 안 가겠다고 버티는 경우가 있지만, "놀러 가자"라고 하면 아이는 좋다며 선뜻 따라나설 것이다. 반복해서 말하지만, 이것은 공부가 아닌 놀이이고 어떻게 하면 더 즐겁게 놀다 올 수 있을지 궁리까지 한다면 아이는 장소와 상관없이 재미있게 논다. 아이에게는 그곳이 놀이공원이든 과학관, 박물관이든 노는 데 큰 차이가 없기 때문이다. 하지만 부모에게는 엄청난 차이가 느껴질

것이다.

일단, 과학관과 박물관은 놀이공원과 비교해 드는 비용이 확연히 다르다. 입장권 가격이 놀이공원의 5분의 1쯤 되지 않을까. 게다가 입장객 수도 극단적으로 차이가 나서 1시간 넘게 기다리는 일도 없다.

무엇보다, 아이가 지금 공부를 하고 있다는 사실이 가장 큰 의미이다. 1번 내용에 적었듯이, 과학관이나 박물관을 방문한 이후로 아이의 마음속에는 중요한 지식이 남을 것이므로 부모는 말할 수 없는 기쁨을 느끼게 된다. 이는 놀이공원에서는 얻을 수 없는 기쁨이다.

3. 사고력을 요하는 중학교 시험과도 연결된다.

중학교 시험에서는 사고력을 묻기 위해 서술형, 논술형 시험이 출제되기도 한다. 어느 하나의 주제를 깊이 파고들면서 과목 전체를 아우르는 지식과 사고력을 묻는다.

학원의 일반적인 커리큘럼처럼 단원을 나누고 순서대로 학습을 해서는 이처럼 사고력이 필요한 문제에 대응할 수 없다. 이것이 과학관과 박물관을 권하는 이유다.

생명과학박물관에서는 지구상의 다양한 생명체를 주제로 체험 중심 전시를 하고 있다. 유전자 탐구, 생명체 관찰, 현미경의 역사, 동물과 식물 탐구, 생명현상 등 관람 내용도 다양하다. 이렇게 하나의 주제를 다각도에서 구체적으로 살펴보는 경험을 하며 먼 미래에 대학교 입시까지 대응하는 사고력을 키울 수 있다.

이처럼 과학관과 박물관에는 놀이공원에 없는 세 가지 장점이 있다. 휴일에 놀러 갈 장소 중 하나로 기억하면 좋겠다.

정리하기

과학관, 박물관에 놀러 가면 경비도 적게 들고 조용해서 지칠 일도 없다. 게다가 아이의 지식과 사고력이 확장되므로 적극적으로 활용하자.

유튜브 동영상을 활용한다

요새 아이들이 희망하는 직업이 예전과 많이 달라졌다. 최근 한 조사에서 초등학생 아이들이 원하는 직업 순위 상위에 유튜버가 올라 화제가 되기도 했다. 이를 두고 미간을 찌푸리는 사람도 있는 것 같은데 여러분 생각은 어떤가?

일부러 잘못된 행동을 하는 유튜버를 보면 부정적인 생각이 드는 것도 충분히 이해한다. 그렇다고 해서 유튜브 전체에 거부감을 느끼고 있다면 솔직히 말해 안타깝다는 생각이 앞선다. 텔레비전에도 일부러 웃기게 행동하는 예능인이 나오는 프로그램이 있는가 하면 교육 방송이나 다큐멘터리처럼 교양을 넓힐 수 있는 프로그램도 있다. 이처럼 유튜브에도 교양을 넓히는 데 도움을 주는 영상들이 많이 있다. 단순히 아이가 유튜브를 시청하지 못

하게 할 게 아니라 올바른 유튜브 활용법을 알려 주는 게 일거양
득 아닐까?

기업 유튜브가 지향하는 것

유튜브는 영리기업이기 때문에 경영을 위해 시청률이 높게 나
올 만한 '재미있는 영상'을 집결하는 구조로 만들어져 있다. 그러
나 한편으로는, '동영상은 교육과 이해 형성의 장을 만들고 세계
에서 일어나는 사건을 그 규모와 관계없이 기록할 수 있는 강력
한 도구라는 것을 유튜브는 알고 있습니다'라며 사회적 책임도
다하겠다는 기업 이념을 선언하고 있다. 실제로도 이러한 선언과
어울리는 콘텐츠와 기능이 매일매일 충실히 업로드되고 있다. 따
라서 아이가 어렸을 때부터 정확한 유튜브 활용법을 익힌다면 즐
겁게 배우면서 지식을 쌓는 올바른 시청자로 성장할 것이다. 여
러분도 이런 아이로 키우고 싶지 않은가.

우리 학원에서도 육아법에 관한 동영상을 올리고 있는데 이처
럼 유튜브에는 육아와 교육에 도움이 되는 동영상이 많이 올라와
있다. 유튜브를 육아, 교육 목적으로 활용한다면 정말로 편리한
기능이 많다.

이해가 안 되는 내용은 동영상 검색

유튜브의 편리한 기능 중 한 가지를 꼽으라 하면 바로 검색 기

능이다. 유튜브는 구글 산하 회사이므로 검색 시스템이 구글과 연동한다. 대부분의 사람들은 궁금한 정보를 구글과 같은 사이트에 검색하는 게 습관화되어 있을 텐데, 이제는 검색한 정보에 대한 해답을 웹페이지가 아닌 동영상으로 보는 시대가 되었다.

아래 사진은 '육아 공부 싫어'를 검색어로 넣어서 나온 동영상 결과다. 구글 검색 알고리즘이 고민을 해결하는 데 최적인 동영상을 찾아내고 추천순으로 보여주니 얼마나 편리한가. 이 정도라면 아이도 유튜브를 충분히 활용할 수 있을 것이다.

'달 모양 변화'도 검색해 보았다. 달의 위상 변화는 우주에서 본 달과 지구의 관계를 연상할 수 있으면 간단하지만, 종이에 적혀 있는 텍스트만으로는 3차원 모형을 떠올리기 어렵다. 이걸 영상으로 보면 훨씬 이해하기 쉬운 건 말할 것도 없다.

지식의 범위를 넓히는 관련 동영상도 알려 준다

유튜브의 좋은 기능은 이뿐만이 아니다. 이미 알고 있는 사람도 있을 텐데, 유튜브에는 관련 동영상을 추천하는 기능이 있다. 예능 동영상을 보다가 다른 웃긴 영상도 보고 싶어지는 바람에 한동안 눈을 떼지 못할 때도 있지만, 공부에 사용한다면 이것만큼 유용한 기능은 없다.

앞에서 봤던 '달 모양 변화' 검색 결과 중에서 하나를 골라 동영상을 봤다고 치자. 그러면 화면 오른쪽에 관련 동영상이 죽 나열되는데 '달의 공전과 자전' 같은 제목이 보이기도 한다. 또, '일식과 월식은 어떻게 일어날까?', '태양계 행성의 놀라운 이야기'처럼 관련성은 다소 떨어지지만 함께 배워두면 좋은 동영상도 눈에 띈다.

이처럼 관련 동영상을 하나씩 보다 보면 어느새 다양한 지식을 익히게 되지 않을까. 부모가 아이와 함께 유튜브 동영상을 즐기다가 자연스럽게 아이 혼자서도 볼 수 있도록 지도하면 좋겠다.

나도 수업 시간에 필요할 때마다 유튜브 동영상을 아이들에게 보여 준다. 화이트보드에 적거나 그려가며 설명하는 것보다 아이들이 빨리 이해하기 때문이다. 아이 스스로 동영상을 찾아가며 공부할 수 있게 되면 수업료를 내가며 학원에 다닐 필요도 사라질지 모른다.

나는 이 책에 소개하고 있는 공부법과 학습 태도만 아이들에게 지도하고, 지식은 유튜브나 앱으로 익히는 것이 당연해지는 세상을 기대한다. 여러분도 그러한 첫걸음을 내디뎌 보자.

정리하기

유튜브는 지식과 교양의 보물 창고다. 공부를 하다 이해가 안 되는 내용을 찾아서 익히고 관련 동영상에서 더 깊은 지식을 얻을 수 있도록 지도하자.

함부로 풀지 말라던
기출문제를 풀게 한다

55쪽에서도 설명했듯이, 머릿속에 새로 들어온 지식은 원래 있던 지식과 규칙에 따라 연결하면 쉽게 정착된다. 그러므로 수업에서 배울 내용과 관련된 사전 지식이 많으면 많을수록 수업 내용을 더 잘 흡수한다. 그렇기 때문에 비과학적인 생각에서 만들어진 예습 금지 규칙에 맹목적으로 순종하는 건 아까운 일이다.

많은 학원에서 '함부로 풀면 안 된다'라며 금지하는 것 중에는 기출문제도 있다. 물론 풀어볼 수 있는 기출문제는 최근 몇 년 것뿐이라 계획 없이 풀다 보면 나중에 풀 것이 하나도 남지 않아서 당황하기도 한다. 그렇게 되지 않기 위해서라도 어느 정도는 기출문제 풀이에 대한 관리가 필요하다.

하지만 우리는 기출문제에 도전해도 된다는 허락이 너무 늦게 떨어지는 학원이 많다고 생각한다. 가고 싶은 학교의 입시 경향을 모른 채 공부하는 것은 목적지도 모른 채 무작정 마라톤을 하는 것과 같다. 잘못된 방향으로 달리는 것만큼 안타까운 일이 또 있을까. 아이에게 제대로 된 골인 지점을 미리 알려 주는 편이 좋지 않을까?

혹시 여기까지 읽고서 '그럼 우리 애한테는 예습을 시켜야겠다. 기출문제도 일찌감치 풀게 하고……'라 생각할까? 그렇다면 기출문제 풀이를 금지해 왔던 학원에 감사하자. 그동안 금지했었기 때문에 아이의 도전 의지가 더욱 불타오를 수 있었기 때문이다.

로미오와 줄리엣은 왜 사랑에 빠졌을까?

인간은 "하면 안 돼"라는 말을 들으면 더 하고 싶어진다. "살찌니까 그만 먹어"라는 말을 들으면 더 먹고 싶어지고, "교칙을 지켜야지!"라고 들으면 더 반항하고 싶어진다. 사랑도 부모님이 반대하면 더 불타오른다.

이러한 심리를 '리액턴스 효과Reactance Effect'라고 부른다. 누구든지 본인의 의지와 감정에 따라 자유롭게 행동하고 싶어 하고 이 자유를 빼앗기면 강한 스트레스를 느끼며, 속박에서 벗어나 자유로워지고 싶은 심리가 훨씬 강력하게 작동한다. 그렇기 때문에 "안 돼"라는 말이 오히려 반대로 하고 싶은 행동을 부추기는 것이다. 그러므로 '공부해!'라는 말을 들은 아이는 공부하고 싶은 마음이 사라진다.

화제를 기출문제로 다시 돌리겠다. 솔직히 말하자면, 기출문제는 많이 푸는 편이 좋다. 그러니 계속 시도하게끔 아이를 살살 자극해 보자.

기출문제를 잘 풀게 하는 비결

갑자기 지원할 학교의 기출문제를 풀게 하면, 예습은 될 수 있겠지만 틀린 게 많아서 아이가 실망할 수도 있다. 여기서 권하고 싶은 것이 단계를 작게 나눠서 시작하는 것이다. 실제로 우리 학원에서는 5학년에게 중학교 입시에 나온 기출문제를 풀게 했다. 5학년 여름에 기출문제를 풀게 하는 건 드문 일이다. 아직 초등학교에서 배우지 않은 부분도 많이 포함되기 때문이다.

학생들도 생각지 못한 과제에 깜짝 놀랐다. '풀 수 있으려나?', '안 어려울까?' 하며 주저하고 두려워하는 게 훤히 보였다. 하지만 웬걸, 5학년이 평균 70점 정도를 무난하게 넘었다. 잘 풀지 못했던 학생도 평균점수에 가까운 점수를 맞았다. 학생들은 예상외의 결과에 무척 놀라워했다.

단, 이 기출문제에는 비밀이 숨겨져 있었다. 아이들에게 내민 기출문제는 어려운 문제가 아니라 평균보다 조금 쉬운 정도의 모의 문제였다. 그것도 학원 선생님이 미리 확인해서 문제의 80%는 지금까지 배웠던 범위로 채워진 기출문제를 골랐다. 어찌 됐건 나쁘지 않은 점수를 받아 기분이 좋아진 아이들은 '까다로운 문제풀기'에 완전히 사로잡혔다. 승패가 확실하게 나오는 것도 재미의 포인트였던 것 같았다.

학원 교실 벽에 다른 학원의 표준편차 분석표를 붙여 놓고 합격점을 내봤던 학교명 옆에 자신의 이름을 적어 보라고 한 적이 있었다. 그렇게 하니까 아이들이 합격점을 딴 적이 있는 학교의 레벨을 올리면서 자신의 실력 향상을 실감할 수 있었다. 숙제를 빼먹기 일쑤였던 아이도 매회 열심히 풀었고 학원이 끝나고 돌아갈 땐 "기출문제 더 주세요" 하면서 기출문제를 받아들고 돌아가기도 했다.

집에서도 이런 방법은 충분히 활용할 수 있다. 기출문제를 먼저 눈으로 훑으며 이미 배운 내용이 많이 나오는 부분에 도전하게 하자. 혹시 배우지 않은 부분이 있더라도 "그저 예습일 뿐이야"라고 말해 주자. 아니면 문제에 도전해 본다는 것을 우선시해도 된다.

한편, 학원에서도 커리큘럼 예습을 같은 방법으로 해보면 어떨까 싶다. 단, 간혹 수업에서 잘하는 모습을 보이고 싶어서 정답을 통째로 암기해 오는 학생이 있는데, 이런 바람직하지 않은 행동에 아이가 몰두하지 않도록 관심을 기울여 주길 바란다.

해서는 안 되는 과제에 은근히 손을 뻗게 해보자. 아이는 반드시 열중한다.

앱으로 놀여 똑똑해진다

지하철에서나 음식점에서 지루해진 아이는 시끄럽게 칭얼댄다. 여러분도 이런 상황을 한 번쯤은 경험한 적 있을 것이다. 떼를 쓰는 아이에게 그러면 안 된다는 설명은 먹히지 않는다. "조용히 해야지"라고 아무리 달래도 전혀 소용없어 다른 사람 보기가 민망해 얼굴이 다 빨개진다. 이럴 때 도움이 되는 것이 태블릿이나 스마트폰이다. 게임을 하게 두면 아이는 금방 조용해지니 이 얼마나 멋진 도구인가.

하지만 한편으로 부모는 불안과 죄책감을 느낀다. 태블릿이나 스마트폰 게임이 아이의 뇌 성장에 악영향을 끼친다는 말을 이곳저곳에서 들었기 때문이다. 당장 위기를 모면하기 위해 아이의 장기적이고 올바른 성장을 방해하고 있는 건 아닐까 하는 불안을 느끼는 건 당연하다.

어쩔 수 없이 태블릿이나 스마트폰을 사용하게 해야 한다면 지식을 키울 수 있는 앱으로 놀게 하면 어떨까. 오히려 아이가 똘똘해질 수 있으니 말이다.

아이는 재미있으면 잘 기억한다

지식 암기에는 뭐니 뭐니 해도 반복이 필수다. 그런데 재미가 없으면 외우기 위한 반복이 너무나 괴롭다. 그래서 공부할 때 가장 우선시해야 하는 것이 '재미'인 것이다. 50쪽, 54쪽에서 설명했듯이, '그냥 놀았을 뿐인데 어느새 외워버렸다' 같은 상황이 가장 효과적이다.

예전에 우리 학원에서 이런 일이 있었다. 수업에 사용하는 태블릿에 지도 기호를 알려 주는 앱을 설치했다. 일종의 게임 형식으로 화면 상단에서 아래로 떨어지는 지도 기호가 바닥에 떨어져 나뒹굴지 않도록 접시로 잘 받아 쌓아 올리기만 하면 된다. 지도 기호가 '항만', '밭' 등 무엇을 가리키는지 다 적혀 있어 퀴즈도 불가능하니 선생님들은 "이건 아이들이 기호를 외우는 데 도움이 되지 않아요"라며 다른 앱을 찾아보자고 했다. 그런데 학생들 사이에서는 앱이 엄청나게 유행했고 결국 아이들은 잘 쓰이지 않는 지도 기호까지 완벽하게 외워 버렸다. 선생님들이 얼마나 놀랐는지는 말할 것도 없다.

지식을 네트워크화할 것인지 아웃풋을 많이 낼 것인지 등 효율적으로 가르치기 위한 여러 교육법이 있다. 하지만 아이 자신이 열중해서 반복하면 비결이나 효율을 따질 것 없이 외우고 만다. 여러분의 자녀도 이왕 디지털 기기를 써야 한다면 학습 게임 앱에 푹 빠지게 하자.

디지털 학습 게임의 장점과 단점

어떻게 하면 아이가 디지털 학습 게임에 열중하게 할 수 있을까. 놀면서 학습하는 방식은 카드 놀이 같은 아날로그 게임과 같다. 다만 차이는 디지털의 경우 결과가 곧바로 보이고 점수로 수치화된다는 점이다. 이 점이 아이들을 끌어들이는 강력한 요소다. 아날로그 게임은 어른이 어떻게 하면 재미있을까 방법을 궁리해서 제공해야 하는데 디지털 게임은 처음부터 완벽하게 세팅되어 있으니 얼마나 편리한가. 그러나 단점도 있다. 경쟁 상대가 없으면 금세 질려버린다는 것이다. 앞에서 말한 지도 기호 앱도 아이들끼리 경쟁이 일어난 덕분에 불타오른 것이었다.

가정에서 이 방법을 쓰는 경우 아이 혼자서 해도 괜찮나 하는 걱정이 생길 텐데, 지켜보며 걱정하느니 아날로그 게임처럼 함께하거나 높은 점수를 받은 경우 칭찬해 주는 등 아이의 흥미가 지속되게 하면 된다.

다양한 학습 앱을 활용하자

가정에서도 충분히 활용할 수 있는 다양한 학습 앱이 출시되어 있다. 〈수학의 제왕〉, 〈색깔셈-빠른 연산의 비결〉, 〈토도수학〉, 〈한자 던전〉 등 과목, 주제별 학습 앱을 아이와 함께 즐겨 보자. 재미를 느낄 때 공부에 열중하고, 지식을 더 쉽게 외울 수 있다는 것을 잊지 않길 바란다.

정리하기

디지털 학습 게임은 결과가 곧바로 보이고 점수로 수치화되기 때문에 아이가 금세 집중한다. 부모도 함께 놀아주면서 아이가 더 열중하게 하자.

1장
오늘부터 실천하기

- ☐ '공부는 재미있는 것'이라고 생각한다.

- ☐ 공부에 재미있어 보이는 이름을 붙이자.

- ☐ 공부는 중간에 과감히 끝내 아이가 아쉬움을 느끼게 한다.

- ☐ 아이 앞에서 부모가 먼저 공부하거나 책을 읽으며 함께 즐긴다.

- ☐ 주사위 놀이, 성장 게임과 같은 요소를 공부에 적용한다.

- ☐ 아이의 긍정적인 행동은 마음껏 칭찬한다.

- ☐ 슈퍼마켓 퀴즈 대회와 같은 일상 속 재미있는 공부법을 찾는다.

- ☐ 과학관, 박물관 같이 아이의 지식이 성장하는 곳으로 놀러 간다.

- ☐ 수업에서 배울 내용과 관련된 사전 지식은 많으면 많을수록 좋다.

- ☐ 유튜브, 학습 앱을 활용해 공부의 재미를 키워 준다.

공부의 '보람'을 느끼게 하기

※ 원래 ARCS 모델에서 R은 'Relevance(관련성)'다. 우리말로 하면 '당사자 의식', '주체 의식'이 될 것이다. 한편 'Relevance가 없는 상태'란 '그런 거 나랑 상관없어'라고 여기는 상태다. 하지만 Relevance를 단순히 '관련성'이라고 설명하면 초등학생이 이해하기 어려우므로 'Reason(해야 하는 이유)'으로 바꿔서 지도하고 있다. 따라서 이 책에서도 R을 Reason으로 통일한다.

아이의 의욕은
어디서 생기는 걸까

'우리 아이가 스스로 공부하면 좋겠다.'

이게 모든 부모가 갖는 생각이 아닐까 싶다. 그렇기 때문에 아이가 공부를 제대로 하지 않으면 부모의 기대를 저버린 것 같아서 안정이 안 된다. 그러고는 화를 내고 만다…….

하지만 부모가 아이를 공부시키기 위해 화를 내는 태도는 하면 할수록 역효과만 일으킨다. 자발적인 공부에서 멀어지는 지름길이다. 우리 학원에도 부모에게 혼나서 공부하러 오게 된 아이들이 많았다. 이들은 학원에 입학할 때부터 하나같이 '공부는 혼나지 않기 위해 하는 것'이라고 말했다. 부모에게 혼나지 않기 위해 공부하는 아이들은 예상대로 성적이 향상되지 않았다.

내 아이가 이렇게 되지 않도록 부모는 '과연 의욕이란 무엇일

까, 그리고 어디서 나오는 것일까'를 알고 아이가 자신의 의욕을
잘 이끌어낼 수 있도록 도와주자.

의욕은 외부에서 나올까, 내부에서 나올까?

의욕은 밖에서 주어지는 의욕과 내부에서 용솟음치는 의욕으
로 크게 나눌 수 있다. 전문 용어로는 각각 '외재적 동기'와 '내재
적 동기'라고 부른다.

밖에서 주어지는 의욕, 즉 외재적 동기는 외부(환경이나 타인)
의 보상이나 명령에 따라 행동을 하는 상태를 말한다. '성적이 나
쁘면 혼나니까 공부해야지(벌을 피하고자 한다)', '숙제를 끝내면
게임을 할 수 있으니까 빨리 끝내야지(보상을 원한다)' 등이 외재
적 동기로 움직이는 사례다.

돌고래 쇼에서 묘기를 부릴 때마다 먹이를 받아먹는 돌고래를
본 적이 있을 텐데, 이것도 외재적 동기에 해당한다. 묘기를 보여
주는 것은 먹이를 얻기 위한 수단에 지나지 않는다. 먹이를 받지
못할 게 뻔한데 스스로 원해서 묘기를 부리는 일은 없다.

한편 내부에서 솟아나는 의욕, 내재적 동기란 행동이 완전히 자
율적이며 흥미나 호기심 같은 요인에서 촉발되는 상태를 말한다.
'새로운 정보를 원한다(지적 호기심)', '이 일과 저 일의 관련성을 알
고 싶다(이해 욕구)', '이전보다 잘하고 싶다(향상심)' 등이 내재적
동기의 사례다.

아이들은 가만히 놔두면 혼자서 무언가를 만지작거리며 놀기 시작한다. 이것은 선물을 받기 위해서도, 칭찬을 받기 위해서도 아니다. 여유 시간이 생기면 책을 읽고 싶다거나 게임이 너무 재미있는 나머지 오랫동안 하는 것도 마찬가지다. 이들은 모두 행동 자체가 목적이다.

외재적 동기의 예

☐ 시험 성적이 나쁘면 혼나니까 열심히 공부해야겠다.

☐ 이 문제집을 다 풀면 선물을 준다고 했어!

☐ 스마트폰을 사주지 않는다고 했으니 열심히 하지 말아야겠다.

내재적 동기의 예

☐ 이 문제는 저번에도 풀었던 거야. 이번에도 잘 해내고 싶어.

☐ 어렵지만 모르는 내용을 이해하고 싶어.

☐ 목표한 평균점수까지 올리고 싶으니까 더 열심히 할 거야.

이 두 가지 동기 유발 중 외재적 동기가 먼저 발견됐다. 1950년대까지 심리학의 주류였던 행동주의 심리학에서는 동물 실험으로 학습을 연구했다. 이미 많은 사람이 알고 있는, 새가 '누르면 먹이가 나오는 레버'를 누르도록 학습하는 실험이다. 이를 바탕으로 어떤 보상을 어떤 방식으로 하면 사람이 행동할 것인가를 연구했고, 비즈니스 세계에도 적용되어 '사람은 왜 일할까'라는 질문에 대한 답을 경제적 동기 즉, 급여에서 구했다.

하지만 점차 변화가 나타났다. 노동 의욕이 '직장에서의 친밀한 인간관계', '보람 있는 것을 이루고 싶다는 욕구'와 관련 있는 건 아닐까 하는 관점이 나오기 시작한 것이다. 이렇게 해서 내재적 동기에 관심이 집중됐다.

여러분은 직장에서 일할 때 어느 쪽인가? '급여 때문에', '상사에게 혼나고 싶지 않아서' 등 외재적 동기로 일하는가 아니면 '보람 있는 일을 하며 성공하고 싶다', '신뢰할 수 있는 직장 동료와 함께 일하고 싶다' 등 내재적 동기로 일하는가?

이제 주어를 아이로 바꾸고 나머지는 그대로 둔 채 아이의 공부에 적용해 보자. 여러분은 아이의 공부 동기가 '혼나기 싫으니까 공부해야지'와 '똑똑해지고 싶으니까 공부해야지' 중 어느 쪽이면 좋겠는가?

외재적 동기로 공부하는 아이의 특징
□ 행동은 수단에 지나지 않는다.
□ 최저선을 넘기만 하면 된다.
□ 포기가 빠르다.

> **내재적 동기로 공부하는 아이의 특징**
>
> □ 행동 자체가 목적이다.
>
> □ 향상심을 끝없이 추구한다.
>
> □ 끈기 있게 매달린다.

공부하는 이유가 공부 방식을 좌우한다

앞의 질문에 많은 사람이 후자라고 대답할 것이다. 부모도 아이가 '똑똑해지고 싶으니까 공부해야겠다'라고 생각하길 바랄 것이다. 외재적 동기인지 내재적 동기인지에 따라 아이가 취하는 학습법이 달라질 테니 말이다.

내재적 동기로 움직이는 아이는 깊게 지속하는 학습을 하려고 한다. '내용을 더 깊게 알고 싶다', '잘 모르는 부분을 이해하고 싶다'라는 마음이 남아 있는 한 자신의 의욕으로 끝까지 매달린다. 어떤 방법으로 학습해야 더 깊게 이해할 수 있는지 알려 주면 그대로 받아들이려 한다. 어려운 문제를 만나면 시간이 걸려도 끈기 있게 풀어내려고 한다.

반면에 외재적 동기로 움직이는 아이는 단기적인 결과에 주목한다. 부모님이나 선생님에게 혼나고 싶지 않아서 숙제하는 아이는 혼나지 않는 선을 넘기만 하면 즉시 학습을 끝낸다. 눈앞에 놓인 일을 끝내는 게 목표이기 때문에 더 나은 학습 방법 같은 건 생각하지 않는다. 또 실패하거나 성공 가능성이 희박하면 쉽게 포기해 버린다.

그러니 자녀가 똑똑한 학습 방법으로 끈기 있게 공부하길 바란다면 결국은 아이에게 내재적 동기가 생기도록 인도해야 할 것이다.

정리하기

외재적 동기와 내재적 동기를 구별해서 잘 알아 두자. 혼내며 공부를 유도하면 결국 부실한 공부가 되고 만다.

스스로 내린 선택이 의욕을 이끌어낸다

유치원 때와 달리 초등학교에 가면 숙제가 생긴다. 학년이 높아질수록 숙제가 점점 늘어나는 데다가 학원에 다니기 시작하면 학원 숙제도 해야 한다. 여기에 피아노, 미술 같은 예체능 학원까지 다니면 집에서 연습도 해야 한다. 이처럼 해야 할 일들이 점점 늘어나다가 여차하면 직장인보다 빽빽한 스케줄이 만들어질 때도 있다. 모든 과제를 다 완수하려면 계획적으로 부지런히 행동해야 한다.

계획적으로 행동하려면 알맞은 계획을 세울 줄 알아야 한다. 계획을 세우는 데에도 기술이 필요하다는 뜻이다. 일주일을 한 단위로 정한 다음, 요일마다 해야 할 일이 무엇인지, 시간은 얼마나 걸리는지 파악해야 한다. 여러분도 짐작할 테지만 아이 혼자 알맞은 계획을 세우기란 여간 어려운 일이 아니다.

그래서 대부분의 부모에게 새로운 할 일이 생기는데 바로 '아이 대신 계획 세워주기'다. 그러면 아이는 부모가 세운 계획대로 움직이는 기계가 된다. 그러나 여기에는 커다란 함정이 도사리고 있다.

다른 사람이 시켜서 하는 일이 즐거울 리 없다

'자율성'은 인간이 가진 근원적 욕구 중 하나다. 인간은 자신의 행동을 선택하고 주체적으로 움직이길 원하는 존재다. 따라서 자율성은 우리가 생각하는 이상으로 의욕과 즐거움, 재미와 행복에 강하게 연결되어 있다.

이러한 특징을 갖는 자율성이 빼앗기듯 강제되면 그것이 공부든 업무든 상관없이 재미가 싹 사라진다. 아이가 잘됐으면 하는 마음에 부모가 세운 계획을 따르도록 하는 가정이 많은데 그렇게 하면 아이는 점점 공부와 연습이 재미없다고 느끼게 되고, 결국 공부든 연습이든 다 싫어하는 아이가 되고 만다. 정말 끔찍하지 않은가.

이 말을 듣고 '그렇다면 뭘 할 것인지 아이 스스로 선택하게 해야겠구나!'라고 생각해서 선택의 자유를 주면 또 다른 문제가 생긴다. 공부 혹은 운동 훈련이 아직 본궤도에 오르지 않은 아이가 스스로 계획을 세운다면 어떤 선택을 할지 한번 상상해 보길 바란다. 텔레비전, 유튜브, 게임, 만화…… 머리를 감싸 쥐는 부모의 모습이 눈에 선하다.

아이 스스로 공부를 선택한다는 것은 이미 공부를 좋아하게 된 뒤에나 있을 수 있는 이야기다. 공부를 아직 좋아하지 않는데 갑자기 일과를 자유롭게 계획하라고 하면 놀기만 하는 문제가 생기는 것이다. 부모인 이상, '공부하지 않기'라는 선택지를 고르게 놔둘 수는 없지 않은가. 그렇다면 어떻게 해야 좋을까?

스스로 선택했다는 느낌이 의욕으로 이어진다

이럴 때 효과적인 방법이 있다. 바로 아이 스스로 선택했다는 '느낌'을 갖게 하는 것이다. 예일대학 심리학자 다이애나 코르도바Diana I. Cordova와 스탠퍼드대학 심리학자 마크 래퍼Mark Lepper가 실시한 아이의 선택 감각에 관한 실험을 살펴보면 무슨 의미인지 알 수 있다.

이들은 초등학교 4, 5학년 아이 72명에게 SF를 적용한 컴퓨터 산수 학습 게임을 제공했다. 일부 학생들에게는 4개의 아이콘 중에서 자신을 표현할 수 있는 아이콘을 고르게 하고 우주선에 자신이 좋아하는 이름을 붙이게 했다. 나머지 다른 아이들에게는 이런 선택권이 없었고 컴퓨터가 자동으로 아이콘이나 우주선 이름을 결정했다.

그 결과 우주선 이름과 아이콘을 선택할 수 있었던 아이들이 결정권이 없었던 아이들에 비해 게임을 훨씬 재미있게 즐겼고, 쉬는 시간에도 플레이를 지속하는 경향을 보였으며 이후에 치른 수학 테스트에서도 좋은 점수를 받았다.

선택 대상이 학습 내용과 전혀 관계없더라도 자율성 욕구가 충족되어 의욕이 상승하고 높은 성적으로 결과가 나타났다는 것이다.

이런 사실을 알고 있었기 때문에 우리 학원에서는 아이들에게 선택할 기회를 준다. 예를 들면, '숙제하는 시간'을 결정하는 것이다. 일주일 동안 해야 할 커리큘럼은 정해져 있어서 무엇을 할지는 선생님조차도 크게 바꿀 순 없지만, 숙제를 언제 할지는 학생과 마주 앉아 상담하고 결정한다. 겨우 그 한 가지인데도 자율성에 대한 아이들의 욕구는 충족되어 의욕이 솟아나는 게 눈에 보일 정도다. 숙제를 언제 할지 아이가 선택하게 하는 것은 가정에서도 쉽게 적용해 볼 수 있다.

'어떻게 할까'도 아이가 선택하게 한다

'어떻게 할까'도 마찬가지다. '이거 해! 저거 해!' 하는 지시를 최대한 줄이고 아이 스스로 공부 방법을 고를 수 있게 미리 다양한 공부 방법을 연출해 보자. 예를 들면 우리 학원에서는 오답 정리를 하는 경우와 하지 않는 경우의 성적을 비교하기도 하고 문제 풀이 과정을 꼼꼼히 적는 경우와 그렇지 않은 경우에 얼마나 많은 문제에서 계산 실수를 하는지 비교하는 일종의 실험을 한다.

실제로 이 실험을 반복한 결과, 4학년 때는 노트에 풀이 과정을 적지 않고 답만 적었던 아이가 지금은 풀이 과정을 꼼꼼하게 적는 아이가 되었고, 공부 시간 자체도 크게 늘어서 4학년 때에는 표준편차 40점대였던 성적이 지금은 60점대로 높아졌다. 행동이 변하면 결과도 변하는 법이다. 이렇게 두 가지 공부 방법을 비교하는 실험도 가정에서 실제로 해보면 좋겠다.

이 밖에도 공부 도구를 고르게 해서 의욕을 이끌어낼 수 있다. 만약 아이가 펜을 좋아한다면 과목마다 펜 종류나 색깔을 다르게 하는 것이다. 겨우 펜 하나 고르는 것이지만 아이콘이나 우주선 이름을 선택하는 것처럼 자율성 욕구를 충족시켜서 잘하려는 의욕으로 이어진다. 본격적인 운동 전 러닝화를 사면 운동 의욕이 솟아나는 것과 같은 이치 아닐까. 어떤 방법이 아이의 자율성 욕구를 충족시킬 수 있을지 궁리하자. 아이가 의욕을 느끼는 계기로 활용할 수 있을 것이다.

'무엇을 할까', '언제 할까', '얼마만큼 할까', '어떻게 할까' 등 스

'무엇을, 언제, 얼마만큼 할까'는 가능한 한 아이가 선택하게 한다.
자율성 욕구가 충족되면 알아서 잘하려는 의욕이 생긴다!

스로 고를 수 있는 것은 되도록 아이가 선택하게 하자. 또, 이러한 학습의 본질적인 부분 말고도 펜 같은 도구도 고를 수 있게 하자. 그러면 아이의 의욕을 성공적으로 끌어낼 수 있을 테니 말이다. 단, 아이가 억지로 "Yes"라 대답하게 하는 것은 자율적인 선택이라 할 수 없으니 이 점을 주의하길 바란다.

정리하기

'무엇을', '언제', '얼마만큼', '어떻게' 공부할 것인지 될 수 있으면 아이가 선택하게 한다. 공부 도구도 고르게 하면 학습 의욕이 상승된다.

의욕 엔진 6개에
불을 붙인다

이제 외재적 동기보다 내재적 동기가 아이에게 좋다는 걸 알았다. 그렇다면 부모로서 구체적으로 어떻게 행동해야 할까? 이 두 가지 동기를 좀 더 세세하게 나눠보면 보다 구체적인 행동에 대한 아이디어가 생겨날 것이다.

아이의 의욕 엔진은 6개다

도쿄대학 이치가와 신이치市川伸—교수가 '인간은 왜 공부하는가?'라는 설문을 통해 외재적·내재적 동기를 더 세세하게 분석한 '동기 유발 세부 분류'를 소개하겠다. 여섯 종류의 의욕 엔진이라 이해하면 쉬울 것이다.

아이의 내면에 있는 6가지 의욕 엔진
☐ 보상 지향
☐ 자존 지향
☐ 관계 지향
☐ 실용 지향
☐ 훈련 지향
☐ 충실 지향

1. 보상 지향 : 공부는 보상을 얻는 수단이다.

아이가 공부를 안 하면 야단치는 부모가 많다. 그러나 혼나기 싫어 공부하는 상황은 공부에 부정적인 인상을 심어 주기 때문에 아이에게 좋지 않다. 그런데 여러분은 이 사실을 알까? 혼을 내는 것과 보상으로 유도하는 방법은 효과는 똑같다는 것을 말이다. 그러니 이왕에 아이의 동기를 유발할 거라면 벌 대신 보상을 주면 좋겠다.

6개의 의욕 엔진 중에서 처음으로 시도할 수 있는 것이 보상 지향을 적용한 '보상 작전'이다. 우리 학원에서는 공부에 대한 보상으로 과자를 제공하고 있다. 이것이 다른 엔진으로 이어지는 계기가 되게 하는 것이다(단, 보상을 사용하는 방법에는 주의할 점이 있는데 4장에서 자세히 설명하겠다).

2. 자존 지향 : 자존심과 경쟁심 때문에 공부한다.

다른 사람을 이기고 싶다, 지고 싶지 않다, 뒤처지고 싶지 않다는 마음으로 공부하는 것이 자존 지향이다. 특히, 실력이 비슷한 친구가 있을 때 자존 지향이 강해진다.

아직 아이를 중학교에 보내본 경험이 없는 부모라면 수학 문제를 풀 때 아이와 경쟁을 해도 좋다. 단, 아이가 계속 지는 경우는 주의하자. 아이가 이기고 있으면 그 분위기를 타고 공부를 계속하겠지만 어떻게 해도 부모를 이길 수 없다고 느낀다면 그냥 포기하기 때문이다. 그러므로 학원을 선택할 때나 악기, 운동, 미술등을 배워야 할 때 교실 안에서 섞이지 못하는 상황은 피하는 편이 좋다.

집단 수업을 하는 학원에서는 경쟁을 붙여 학생이 공부하도록 부추기는 건 정말 쉬운 작전이다. 그러나 한편으론 몇 명밖에 안되는 승자에 비해 패자가 너무 많아서 자칫하면 반 전체의 의욕이 떨어질 수 있다. 그러니 성적으로만 승부를 가르지 말고, 지난번 시험보다 오른 점수나 학습 시간 혹은 풀어낸 문제 수로 승부를 가르는 등 다양한 방식을 적용하면 더 좋겠다.

3. 관계 지향 : 타인에게 이끌려 공부한다.

어느 날 아이가 '코딩대회', '수학경시대회' 등 어려운 시험에 도전하겠다고 했을 때 그 이유가 무엇이었는지 기억을 되살려 보

자. 혹시 '우리 반 애들도 하니까'라고 하지는 않았나? 실제로 같은 목표를 향해 나아가는 집단 안에 있으면 내 마음도 그쪽으로 움직이기 마련이다. 같은 반에 사립중학교를 대비하는 사람이 많을수록 자연스럽게 더 열정적이 되는 이유다.

의욕은 전파되기 때문에 높은 의욕을 가진 아이 주변에는 비슷한 아이들이 모여든다. 친구들과 공부를 하면 다른 때보다 잘 된다는 아이가 있을 것이다. 그런 의미에서 중학교 대비는 단체 전이라고도 할 수 있다. 학원을 고른다면 같은 반 아이들 사이에 팀워크가 있는지, 아이들의 관계가 친밀한지, 같은 목표를 가진 아이가 있는지 확인하면 좋다.

4. 실용 지향 : 일이나 생활에 활용하기 위해 공부한다.

수업 내용이 실제 생활과 사회에 어떤 도움이 되는지 아는 건 큰 의미가 있다. 초등 단계의 학습이 아이와 아이 주변에 도움이 되는 사례를 찾기는 쉽지 않지만 "영어를 배우면 외국을 여행할 때 도움이 돼", "지리 지식이 있으면 여행을 갔을 때 어디가 유명한 장소인지 알 수 있어"라고 말해 주자. 또 "돈 계산을 할 때 수학에서 배운 나눗셈이나 곱셈을 쓰면 빠르니까 편리해", "고속도로 안내판에 나타난 거리와 차의 속도로 도착 시간을 대략 계산할 수 있어" 등 일상에서 공부와 연결지을 수 있는 사례를 발견할 때마다 아이에게 알려 주면 배움의 의미를 깊이 느낄 수 있다.

5. 훈련 지향 : 똑똑해지고 싶어서 공부한다.

자존 지향이 타인과의 비교에 주목한다면 훈련 지향은 자기 비교에 집중한다. 공부를 계속하다 보면 '예전에는 몰랐던 내용인데 지금은 알게 되었다'라는 걸 실감하는 순간이 반드시 온다. 이런 일들이 반복되고 즐거움을 느끼면 '좀 더 잘하고 싶다'라는 마음의 선순환이 일어난다. '이런 식으로 하면 더 똑똑해질까?', '어떻게 공부하면 기억을 더 잘할까?'라며 향상을 추구하기 때문에 공부법이 개선된다. 부모는 "예전보다 이런 부분이 좋아졌구나" 하며 알려 주자.

6. 충실 지향 : 학습 자체가 즐겁다.

아이가 이 단계까지 도달했다면 부모는 그저 바라만 봐도 된다. 무엇을 해주는 게 오히려 방해이기 때문이다.

반대로 충실 지향부터 시작하는 건 정말로 어렵다. 수학을 못하는 아이가 수학이 재미있다고 느끼려면 극복해야 할 장애물이 있지 않겠는가. 충실 지향의 최종목적지는 하나다.

단, 이 상태인 아이에게 보상을 주면 오히려 의욕이 약해지므로 주의해야 한다. 이것을 언더마이닝 효과Undermining Effect라고 부른다. 재미있어서 스스로 하는 일에 보상을 주면 내재적 동기가 약해질 수 있기 때문에 보상을 줄 때는 주의해야 한다(자세한 내용은 220쪽을 참고하자).

어느 엔진이든 상관없다. 많이 점화하자!

이와 같은 엔진 6개는 외재적 동기에 가까운 것과 내재적 동기에 가까운 것으로 분류할 수 있다. 아래 표를 보면 오른쪽으로 갈수록 외재적 동기에 가깝고 실익·이익을 중시하며, 위로 갈수록 내재적 동기에 가깝다.

그렇다면 상단의 엔진이 중요할까 하단의 엔진이 중요할까. 상단은 학습 내용과 관계되는 동기이고 하단은 학습 내용과는 관계

내재적 동기 자신의 내면에서 나오는 의욕

학습 내용에 중요성을 느끼고 있는가?

충실 지향	훈련 지향	실용 지향
·학습 자체가 즐겁다. ·관심이 있다. ·재미있다.	·지적 힘을 키우고 싶다. ·어제보다 똑똑해지고 싶다.	·일이나 생활에 활용할 수 있다. ·알고 있으면 이득이다. ·이 지식은 필요하다.
관계 지향	자존 지향	보수 지향
·친구도 하고 있다. ·부모님을 기쁘게 해드리고 싶다.	·프라이드와 경쟁 ·다른 사람을 이기고 싶다. ·존경받고 싶다.	·당근과 채찍 ·혼나지 않고 싶다. ·용돈을 받고 싶다.

학습의 이득을 실제로 느끼고 있는가? **외재적 동기**

외부에서 주어지는 의욕

아이 내면에 있는 6개의 엔진을 잘 알아 두자!
의욕 엔진은 많이 가질수록 좋다.

없는 동기다. 실용 지향 아이는 '영어가 도움이 되니까 영어 공부를 한다'고 여기므로 공부하는 과목은 반드시 영어여야 한다. 하지만 보상 지향의 아이는 '어떤 공부든 하기만 하면 혼나지 않는다'고 생각하기 때문에 과목을 구별하지 않아도 된다. 따라서 질 높은 학습을 위해서라면 과목이나 학습 내용과 관계있는 상단의 동기를 중시하는 게 좋다.

'재미있으니까 꾸준히 한다', '나는 언제나 똑똑한 사람이고 싶다', '실생활에 도움이 되고자 하는 노력에는 끝이 없기 때문이다'라는 힘은 언제나 깨어 있는 아이를 만든다. 실제로 이치가와 교수의 연구에서도 상단의 동기를 가진 아이가 좋은 학습법을 고르는 경향이 있었다고 한다.

그렇다고 학습 내용과 관계없는 하단의 동기는 나쁜 걸까? 물론 그렇지 않다. 하단의 동기를 가진 사람이라고 해서 나쁜 학습법을 고르는 경향은 딱히 없기 때문에 하단의 동기라고 해서 손해가 되는 건 아니다.

가장 좋은 방법은 진입 장벽이 낮은 하단 동기부터 아이에게 심어 주는 것이다. 상단의 동기가 먼저 마음 속에 생겨나는 건 누구에게나 힘들다. 싫어하고, 못하는 과목이 어느 날 갑자기 재미있어지는 일은 없기 때문에 일단은 '다른 친구들 모두 공부하고 있다', '숙제하면 칭찬 받는다'라는 말부터 시작하자.

그리고 학습을 지속하려면 2개 이상의 동기를 가지고 있는 게 좋다. 어느 한 가지 동기가 없어지더라도 남은 다른 동기의 힘으로 공부할 수 있기 때문이다. 의욕 엔진을 여러 개 갖고 있으면 쉽게 추락하지도 않는다. 충실 지향은 공부를 스스로하게 만들기 때문에 가장 좋아보이지만 차갑게 식어버릴 수도 있다는 단점이 있는데, 만약 충실 지향만 있다면 학습에 대한 아이의 태도는 쉽게 바뀔지도 모른다.

여러분도 오래된 취미가 하나쯤은 있을 것이다. 아마 오래전부터 이어지던 여러 개의 취미 중에서 지금까지 살아남은 취미가 아닐까? 여러 개의 의욕 엔진으로 서로 보완하며 공부를 해나가면 아이도 쉽게 지치거나 멈추지 않고 공부를 지속할 수 있다.

정리하기

내 아이는 의욕 엔진 6개 중 무엇에 자극받아 움직이는지 생각해 보자. 엔진이 여러 개 있으면 공부를 포기하거나 실패할 확률이 낮아지므로 엔진을 하나씩 늘려 나가자.

6개의 동기를 자극하는 방법, 입구 편

'얘는 어떻게 된 애가 공부 한 글자를 안 해. 시험 오답 정리는커녕 숙제도 제대로 안 하고. 내가 어릴 때는 점수가 낮으면 혼날까 무서워서 정신 똑바로 차리고 공부했는데, 이 녀석은 몇 번이나 혼내도 전혀 바뀌지 않으니…… 정말 뭘 어떻게 해야 할까?'

우리는 학부모의 이런 고민을 자주 듣는다. 아이의 동기를 어떻게 자극할지 몰라 혼만 내는 것은 너무나 흔한 실패 패턴이다. 앞의 설명으로 아이의 동기 유발에 관한 커다란 틀을 이해했다면 여러분도 위에 나온 실패의 원인이 무엇인지 알아차릴 수 있으리라 본다.

아이들은 개성이 넘치기 때문에 6개의 동기 중 어느 것에 반응

할지 알 수 없다. 부모도 어렸을 때 6개의 동기를 모두 갖고 있지는 않았을 것이다. 그중 어느 한 가지가 원동력이 되었을 것이고 지금에서야 '나 때는 말이야' 하면서 아이를 바로잡으려 한다.

하지만 부모와 똑같은 동기가 아이에게도 적용될 리 만무하다. 아이는 부모의 복사품이 아니기 때문이다. 그러므로 아이의 동기를 자극해도 이렇다 할 반응이 나타나지 않으면 다른 방법을 찾아야 한다. 그런데 다른 동기로 전환해 자극할 방법도 생각하지 않고 '본인이 도통 공부할 생각이 없어'라며 아이 탓을 하고 한탄한다.

이렇게 되지 않도록 다음에 이어지는 내용을 충분히 이해해서 부모인 여러분에게 딱 들어맞았던 동기가 아닌 아이에게 맞는 동기로 능숙하게 접근해 보자.

보상 지향에 불붙이는 법

□ 꾸중하지 말고 칭찬한다.

□ 성과보다는 행동에 주목한다.

□ 좋은 점이 있으면 즉시 칭찬한다.

□ 일관성을 갖고 칭찬한다.

□ 보상을 아이가 정하게 한다.

아이로서는 혼나는 행동을 피하는 것보다 칭찬받은 행동을 한 번 더 하는 게 쉽다. 이전에 해봤던 행동이기 때문에 '이렇게 하면 좋은 일이 있구나' 하고 실감하기 때문이다. '이번에는 정말 잘했어', '다음에는 이렇게 해보자'라고 칭찬해서 아이가 좋은 행동을 반복하게 하자. 혼을 낼 때도 '앞으로는 이렇게 행동하면 좋겠어'라고 개선 방법을 명확하게 전달해 이후 행동이 개선되게 하자.

결과는 운이나 우연에 따라 좌우되기도 해서 학습 결과는 언제나 똑같지 않다. 그러나 학습 과정은 똑같이 반복할 수 있다. 산 정상에 올라갈 수 있을지 없을지는 그날 날씨가 좌우하지만, 산을 오르는 속도가 예전보다 빨랐는지 느렸는지는 확실히 비교하고 평가내릴 수 있다. 그러니 결과보다는 아이의 행동을 칭찬하자.

1. 행동을 칭찬한다
2. 좋은 행동을 보면 즉시 칭찬한다
3. 일관성 있는 기준으로 칭찬한다

세 가지를 기억하자. 칭찬을 받은 아이가 '이 행동이 좋은 행동이구나'라고 자기를 평가해 같은 행동을 반복할 수 있게 하자.

자존 지향에 불붙이는 법

☐ 비슷한 수준의 상대와 경쟁하며 실력을 갈고 닦는다.
☐ 이기고 지는 것을 확실히 할 수 있게 점수를 가시화한다.

자존 지향을 자극하고 싶으면 비슷한 수준의 학생이 있는 학원을 선택하자. 다른 아이들보다 계속 뒤처지는 환경은 좋지 않다. 학원에서 아이들끼리 경쟁하는 환경을 조성하는 건 어려운 일이 아니지만 가정에서는 쉽지 않다. 일단 가정에서는 경쟁하는 상황을 만드는 것 자체가 어렵다. 부모와 자녀 또는 형제 간에는 힘의 격차가 있어서 이기고 지는 게 정해져 있기 때문이다.

이럴 때는 경쟁 내용에 대한 아이디어가 필요하다. 결과를 놓고 겨루는 게 아니라 과정으로 겨룬다거나 더 강한 쪽에 핸디캡을 설정해 놓으면 격차가 어느 정도 상쇄될 것이다. 예를 들어 '아빠는 금연, 엄마는 운동, 아이는 아침 공부. 이 중 누가 가장 꾸준히 하는지 겨루기'처럼 과정을 놓고 경쟁할 수도 있고, '아빠의 회계 자격증 시험 공부 시간과 아이의 수학 공부 시간 겨루기', '부모와 아이가 같은 수학 문제를 풀 때, 부모가 문제를 푸는 시간은 절반으로 줄여 아이와 성적을 비교하기'와 같이 핸디캡을 주는 방법도 있다.

한 달 동안 목표를 가장 잘 이루는 사람은 누구?

6월

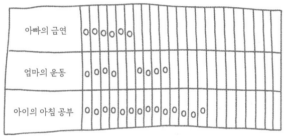

아빠의 금연	○	○	○	○	○	○															
엄마의 운동	○	○	○		○	○	○	○													
아이의 아침 공부	○	○	○	○	○	○	○	○	○	○	○	○	○	○	○	○	○		○		

가족끼리 목표를 세우고 경쟁해서
아이의 자존 지향을 자극하자!

관계 지향에 불붙이는 법

□ 목적이나 목표를 공유하고 팀워크를 형성한다.
□ 아이가 했으면 좋겠다 싶은 행동을 부모가 먼저 한다.

학원을 고를 때는 다른 아이와 내 아이의 인간관계에 주목하자. 목표가 같은 아이가 곁에 있어야 내 아이의 의욕도 불타오른다. '지망하는 학교에 입학한 선배는 이렇게 공부했다', '옆 반 친구는 이런 방식으로 공부를 한다' 같은 말도 자주 듣게 되고 나아가 실천해 보려 한다.

예를 들어 우리 학원에서는 한 교실 안에서 지난 일주일 동안의 학습 시간을 서로 발표한다거나 다른 학생에게 응원의 메시지를 적어 주기도 한다. 목표나 목적을 공유하는 시간 외에도 수학 문제를 서로 가르쳐 주는 시간도 마련해서 반 학생들의 팀워크를 높이고 있다.

가정에서는 '부모도 공부하는 모습'을 보여 주는 게 최선책일 것 같다. 업무와 관련된 자격증을 따기 위해 공부하기, 요리책을 보기, 거실에서 독서하기 등 부모가 새로운 것을 배우는 모습을 아이에게 자연스럽게 보여 주는 것이다. 내가 초등학생 때는 우리 부모님이 책을 읽었기 때문에 나도 자연스럽게 독서에 빠져들었다(단, 부모가 텔레비전 드라마에 빠지면서 독서에서 멀어지긴 했지만). 아이는 부모를 흉내 내는 존재다. 아이가 공부 의욕을 갖길 바란다면, 아이 앞에서 부모가 먼저 공부하는 모습을 보여 주자.

정리하기

보상 지향은 '야단치지 않고 즉시, 일관성 있게 칭찬한다.'
자존 지향은 '라이벌을 만든다', '비슷한 승률이 나오게 한다.'
관계 지향은 '바람직한 친구를 만든다', '부모가 본보기를 보인다.'

6개의 동기를 자극하는 방법, 목적지 편

'아이를 보상으로 꾀어 공부시킨다니 불순해 보여서 딱히 좋은 방법 같지 않아. 그런데 내가 했던 혼내서 공부시키는 방법도 결국 보상으로 공부시키는 것과 같은 방법이라니…….'

우리 학원의 학부모 세미나에 참석한 후 이런 감상을 말하는 부모님이 여럿 있었다. 당연히 부모는 아이가 순수하게 성장의 즐거움을 느끼고, 배움 자체를 즐기면 좋겠다는 생각을 할 것이다. 많은 분이 알고 있듯이 배움을 즐기는 아이는 스스로 좋은 공부 방법을 선택한다. 어떻게 하면 내 아이에게도 그런 동기를 심어 줄 수 있을까?

실용 지향에 불붙이는 법

> ☐ 수업에서 배운 내용이 현실에 적용된 사례를 알려 주고
>   생각하게 한다.
> ☐ 학교에서 배운 내용이 실제 생활에 도움 됐던 경험을 말해 준다.

"대체 이걸 배워 어디에 쓴다고!" 여러분도 이런 생각을 한 적이 있지 않은가? 나도 영어를 배울 때 그렇게 생각했다. 초등학생이 지금 배우는 학습 내용과 자신의 생활이 멀리 떨어져 있다고 느끼는 건 당연하다.

간단하게 말해, 실용 지향은 배운 내용을 실제로 써보는 게 최고라는 뜻이다. 많은 아이가 싫어하는 수학의 단위 환산을 예로 들면 아빠와 함께 요리나 과자 만들기를 하면서 우유 500㎖=0.5ℓ (1ℓ 우유 팩의 절반)란 지식을 사용해 보는 것이다. 만약 영어라면 해외 여행을 갔을 때 아이 혼자 영어로 말할 기회를 만들어 보자.

사례를 든다면 끝도 없겠지만 모든 학습 내용에서 실용성을 찾기란 쉽지 않은 일이다. 초등 단계에서의 실용 지향은 '실제 사례가 있으면 행운이야!' 정도로 여기면 좋겠다.

훈련 지향에 불붙이는 법

□ 다른 사람과 비교하며 일희일비하지 말고 과거의
   자신보다 얼마나 성장했는지에 주목한다.
□ 성적을 장기적으로 관찰하고 점수 추이로 자신을
   평가하게 한다.
□ 실패를 교훈을 깨닫는 기회로 삼고 긍정적으로 받아들인다.

훈련 지향으로 아이를 이끌려면 어쨌든 자기 비교에 주목하게 해야 한다. 다른 사람이 아니라 자신과 비교하는 것이다. 이때 성적에 대한 부모의 견해가 중요하다. '옆집 아이는 성적이 항상 좋은데 어째 우리 아이는 이 모양인지……'라고 생각한 적 없는가? 아이가 시험 결과를 집으로 가져올 때마다 이웃 아이의 순위까지 신경 쓰지는 않았는가 말이다.

시험 결과에서 가장 중요한 정보는 석차도, 표준편차도, 원점수도 아니다. 이전 시험 결과와 달라진 점, 지금까지의 추이야말로 가장 중요한 정보다. 개별 시험이 보여 주는 결과만으로 무언가를 비교하고 재 보는 건 불가능하다.

아이가 '이제는 할 줄 알게 되었다'라는 변화를 긍정적으로 발견할 수 있게 해주자. 아기였던 우리 아이가 걷는 법을 깨우쳐 처음으로 몇 발자국 걸었던 것만큼 혁명적인 발견은 아닐지라도, 학과 거북의 다리 개수 관계를 구하는 연립방정식을 풀 수 있게 되었다는 것은 솔직히 말해 걷는 것보다 훨씬 어려운 일이니 말이다. 자신의 소소한 성장을 끌어내는 힘을 성인이 되어도 잊지 않도록 어렸을 때부터 '드디어 이걸 할 수 있게 되었구나'라고 자주 말해 의욕에 불을 붙여 주자.

초등학생 때 나는 자존 지향으로 공부를 했었다. 다행히 다른 경쟁자가 전혀 없는 상황이 이어진 덕분에 도쿄의 유명 사립중학교에 합격할 수 있었다. 하지만 합격한 뒤 학교생활은 '완전히'라고 표현해도 될 만큼 공부로 다른 아이들을 이길 수 없어서 아예 공부를 포기했다. 반에서는 물론 학년 전체 성적에서도 끝에서 네 번째가 될 정도였다.

내가 다시 공부를 시작할 수 있었던 계기는 훈련 지향에 눈을 뜬 덕분이다. 대학 입시를 위해 들어간 학원에서 "네가 공부를 하지 않았으니 이런 성적이 나올 테지만 만일 공부를 한다면 얼마만큼 올라갈 수 있는지 알고 싶지 않니?"라는 말을 들었을 때 그렇게 해보고 싶은 마음이 강하게 생겼다.

밑바닥부터 다시 시작했지만 그때 비로소 다른 아이들의 성적을 신경 쓰지 않게 되었다. 친구에게 어떤 참고서가 좋은지 물어봤고 시행착오를 겪으면서도 집중력을 유지할 수 있는 학습법

'할 줄 알게 된 것'을 칭찬해서 의욕에 불을 붙인다.
다른 사람이 아닌 어제의 나보다 나아지는 것에 집중하면
결과는 따라오기 마련이다.

을 찾아보며 학습 계획을 철저하게 짜서 공부했다. 그 결과 학교에서 성적 최상위층에 들어갈 수 있었다. 그리고 도쿄대학에 합격했다.

지금 우리 학원에서 공부법과 학습 계획을 강조하며 힘껏 지도하고 있는 이유도 이런 경험에서 얻은 것이다. '다른 사람과 비교할 필요 없다. 어제의 나보다 나아지는 것에 집중하자'고 생각하며 한눈팔지 않고 전진하면 결과는 따라오는 법이다.

충실 지향에 불붙이는 법

□ 재미있게 배울 수 있는 곳에 소속된다.
□ 배움을 재미있게 바꿀 방법을 찾는다.
□ 다른 지향이 충족되면 즐거움을 발견하게 된다.

충실 지향은 얼핏 보면 ARCS 모델의 A인 '재미있게 할 방법'과 닮긴 했지만, A보다 훨씬 더 학습 내용 자체에 매력을 느낀다는 점에서 차이가 있다.

그 내용이 재미있는지 어떤지는 아이의 취향에 따라 다르다. 그 내용이 좋아질는지도 운에 달린 것이니 부모가 제어하는 것도 불가능하다. 이것도 실용 지향처럼 '아이가 학습 내용을 좋아한다면 그것만으로도 다행이야' 정도로 생각하자.

한 가지 확실히 말할 수 있는 것은, 학습 내용을 이해한다고 좋아하게 될 거라 단정할 수 없지만 이해가 되지 않으면 좋아지는 일은 결코 없다는 점이다. 그러므로 우선은 다른 지향을 이용해 학습이 진척되고 아이가 내용을 이해하도록 해야 한다. 학습하는 동안 운이 좋으면 충실 지향 엔진에도 불이 확 붙을 것이다.

정리하기

실용 지향과 충실 지향은 '있으면 다행'이라고 생각한다. 올바르게 접근하기만 하면 잘 작동하는 훈련 지향을 활용하자.

뇌는 '2층 건물'이라고 알아두자

'방금까지 말 잘 듣는 착한 아이였는데 갑자기 변하는 너를 대체…….' 아이를 키우다 보면 이럴 때가 자주 있다. 지하철, 음식점, 대형 할인 마트 등 남부끄러운 장소만 골라서 아이가 떼를 쓴다. 크게 울며 고집부리는 아이에게 "뚝! 입 딱 다물고 얌전히 좀 있어!"라 해도 전혀 듣지 않는다. 진땀 나는 이 상황, 부모라면 누구나 겪지 않을까.

왜 아이의 기분은 롤러코스터처럼 급변할까? 마치 인격이 2개 있는 것처럼 말이다. 그 이유는 인간이 '이성적인 뇌'와 '원시적인 뇌' 모두를 갖고 있기 때문이다. 이성적인 뇌가 제대로 활동할 때 아이는 착하고 얌전하다. 따라서 부모가 해야 할 일은 아이에게

'이성적인 뇌'를 쓰는 방법을 알려 주는 것이다. 우선 뇌의 구조부터 설명하겠다.

1층 뇌

□ 본능적인 행동

□ 감정을 파악하고 분위기를 읽는 등 언어화에 한계가 있다.

□ 지금 여기에 집중한다.

□ 무의식 그리고 병렬 처리.

□ 장기 기억이 포함된다.

2층 뇌

□ 의식적이고 집중력이 필요하다.

□ 언어의 뇌, 인과관계, 가설 사고, 메타 인지, 마음 감독.

□ 미래와 과거를 생각할 수 있다.

□ 한 번에 하나씩밖에 할 수 없다.

□ 단기 기억을 포함한다.

2층 뇌는 언어의 뇌

아이의 뇌를 2층짜리 건물이라고 생각하자. 책이나 연구자에 따라 불리는 명칭은 다르지만 대체로 1층이 직감 영역이고 2층이 이성 영역이다. 이처럼 뇌를 2층 건물이라고 비유하면 인간의 행동이나 사고도 이미지화하기 한결 쉽다.

2층 뇌는 이성적 사고를 담당한다. 2층 뇌 덕분에 '만일 이런 행동을 하면 이런 결과로 나타날 것이다'라는 미래에 대한 전망이나 '그때 그 행동을 했기 때문에 지금 이렇게 되었다'라는 과거 회상이 가능한 것이다. 나아가 2층 뇌는 '마음 감독' 역할도 맡는다. 즉, 학습 계획을 세우고 현재 상황을 매서운 감독의 시선으로 객관화해 분석한다. 내가 한 일이 성공인지 실패인지 분석하는 힘은 2층 뇌에 의해 좌우되는 것이다.

이성과 논리적 사고력은 인간의 커뮤니케이션 능력이 진화하는 과정에서 파생되었다고 한다. 그리고 인류의 진화에서만이 아니라 한 아이의 성장에 있어서도 이 과정은 동일하다.

어린아이가 혼잣말하는 것은 2층 뇌가 성장하고 있다는 첫 번째 증거다. 혼잣말이라 해도 바깥으로 새어 나와 다 알아들을 수 있는데, 이런 행동은 생각을 하기 위해 자신에게 말을 거는 것이다. 성인도 무언가를 생각할 때 머릿속으로 혼잣말하지 않나. 사고의 첫 시작은 어린 시절의 혼잣말에 있다.

어쨌든 어린아이가 생각을 입 밖으로 내고 있다는 말은 논리적 사고력이 성장하고 있다는 말과 같다. 그러니 아이의 말을 가로막지 말고 많이 중얼거리게 해서 생각을 키워 주자.

혼잣말을 활용한 교육법을 '싱킹 얼라우드Thinking Aloud'라고 한다. 학업이나 일상생활에서 문제라 여겨지는 상황이 발생했을 때 생각을 소리 내어 말로 표현함으로써 문제를 해결하는 방법 이다.

아이는 새로운 문제에 맞닥뜨렸을 때 당황한다. 눈앞에 놓인 문제를 해결해야겠는데 뇌를 사용하는 방법을 모르기 때문이다. 이럴 때 부모가 혼잣말하며 작업하는 모습을 보이면서 사고 과정 이 어떻게 진행되는지 본보기가 되어주면 좋다. 나중에 아이가 문제를 풀어야 할 때도 그 과정에서 아이가 중얼거리며 확인하게 해도 된다. 마치 기차나 지하철의 차장이 기기 조작을 시작하기 직전에 손짓으로 기기를 가리키며 정확하고 안전하게 운행할 준 비가 됐는지 확인하는 것처럼 말이다.

때때로 아이들은 틀린 문제를 앞에 놓고는 "아는 것인데 그 순 간 기억이 안 났다"며 실수로 틀렸다는 말을 종종 한다. 1층 뇌가 관장하는 '아는 것 같다'는 생각도 언어를 사용해 해소할 수 있다. 2층 뇌에서까지 이해하고 있다면 언어로 풀어내며 설명할 수 있 기 때문이다. 나도 학생들에게 '생각한다는 것은 언어로 표현 가 능하다는 것'이며, '알고 있다는 것은 언어로 설명할 수 있다는 것' 이라고 반복해서 말해 주고 있다.

아이의 2층 뇌를 키우는 말하기

아이의 2층 뇌를 키우기 위해서는 아이 입으로 설명하도록 해야 한다. 문제를 언어로 설명할 수 있다는 건 2층 뇌가 제대로 작동하고 익히 알고 있다는 의미다. 자신의 상황이 어떤지 언어로 설명함으로써 자신을 객관적으로 바라볼 수 있게 되는 것이다.

아이의 집중력이 떨어져 딴짓을 할 때 대뜸 "그만해!" 하며 평가를 내리기보다 "무슨 생각 하고 있니?", "지금은 뭘 할 시간이더라?" 하고 물어서 아이가 자신의 상황을 말로 설명하게 하자. 예를 들어, 우리는 학생들이 수업 중에 불필요한 말을 하는 것 같을 때 "지금은 뭘 해야 하는 시간이더라?", "그게 지금 필요한 말이니?", "무슨 얘기가 하고 싶었어?"라고 묻곤 한다. 목적이 있는 대화를 한 거라면 이러한 질문에 대해 "모르는 문제를 묻고 싶어서요"라거나 "지우개를 주워달라고 부탁하려고요", "문제를 생각하다가 그냥 혼잣말한 거예요"라는 대답을 할 수 있다.

하지만 단순히 다른 친구를 놀리거나 잡담을 하는 중이었다면 "왜 그렇게 했니?"라는 질문에 대답하지 못할 것이다. 학교에서 있었던 일을 떠올려서 "그러니까……"라며 관계없는 얘기를 꺼내는 경우에도 왜 갑자기 다른 생각이 떠올랐는지 논리적으로 설명할 수 없게 된다. 이것은 '다른 사람을 놀려서 내 기분을 좋게 만들고 싶다', '갑자기 생각난 것을 말해서 다른 사람의 공감을 얻고 싶다'라는 무의식이 작동해서 나온 행동이다. 1층 뇌의 행동은 배움터와 어울리지 않는다. 이런 감정을 갖는 것, 반응하고 싶어지는 것 자체가 나쁘다는 말은 아니지만 때와 장소를 의식해서 감정을 컨트롤하는 힘을 길러주면 좋겠다.

공부하는 모습을 촬영해서 객관적으로 보게 한다

수업 중에 펜을 분해한 뒤 다시 조립하는 행동을 매번 반복하던 학생이 있었다. 성실하게 수업에 참여하도록 타일렀지만, 자신은 진지하고 성실하게 수업에 참여하고 있다고 말하는 것이다. 그래서 교실 한쪽에 태블릿을 두고 수업 시간 내내 촬영했다.

수업 후에 그 학생과 함께 동영상을 확인하는데, 펜을 분해했다가 재조립하는 모습이 당연히 녹화되어 있었다. 그 화면을 보고 학생이 툭 내뱉은 말이 "내가 이러고 있었구나……"였다. 그렇다. 무의식이다. 1층 뇌가 하는 행동은 무의식 중에 이루어지기 때문에 기억하지 못하는 것이다.

이 학생은 '동영상을 촬영해 확인하면 자신의 모습을 객관적으로 볼 수 있다'는 방법의 장점을 알았는지 그 후로도 쭉 수업 중에 교실 한쪽에 태블릿을 두고 영상을 찍었다. 이런 경험을 하며 자신을 객관적으로 보는 힘이 생기는 경우도 있다.

2층 뇌가 활동하기 힘들어질 때

아이의 2층 뇌는 한창 건설 중이다. 20대 중반에서야 완공된다. 그러니 때때로 2층 뇌가 고장 난 것처럼 상태가 안 좋은 건 당연하다. 부모는 그럴 때의 모습을 능력 부족이나 악의, 나쁜 기질 때문이라고 해석하면 안 된다. 학원을 땡땡이치거나 변명을 계속 늘어놓더라도 '나쁜 아이'가 아니다. 단지 오늘따라 컨디션이 나쁘고 기분도 안 좋으며 자신의 감정을 컨트롤 할 수 없어서 어쩔 줄 모르는 상태일 뿐이다. 일종의 SOS 사인이랄까.

2층 뇌는 다른 때보다 유독 활동하기 힘들어지는 때가 있다. 대니얼 시겔Daniel J. Siegel과 티나 브라이슨Tina Branson은 『아직도 내 아이를 모른다』에서 2층 뇌가 활동하기 어려워지는 때를 '배가 고프다, 초조하다, 외롭다, 지쳤다'로 정리하고 있다. 아이를 잘 관찰해서 이 상황에 딱 들어맞을 때는 '왜 공부하지 않지?'가 아니라 '지금은 할 수 있는 상황이 아니구나……'라고 받아들이자.

정리하기

계획적으로 배우고 자기 교정을 하는 힘은 2층 뇌에 있다. 아이의 2층 뇌는 한창 건설 중이기 때문에 능력이 부족하거나 컨디션이 나쁠 때 아이의 상태를 나쁘게 해석하지 말아야 한다.

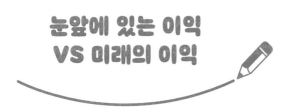

눈앞에 있는 이익 VS 미래의 이익

날씬하고 멋진 몸매를 갖고 싶은데 눈앞에 있는 케이크를 참을 수 없었어⋯⋯. 많은 사람이 이와 비슷한 후회를 한다. 아이도 똑같다. 열심히 공부해서 원하는 점수를 얻고 싶은데 눈앞에 있는 게임, 텔레비전을 참는 게 어렵다. 그러고는 시험이 끝난 뒤에 '좀 더 열심히 공부할 걸⋯⋯' 하고 후회하는 것이다. 눈앞의 유혹을 이겨내고 미래의 목표를 위해 행동하려면 어떻게 해야 할까?

10세의 1년 후는 40세의 4년 후와 같다

"지금 당장 받을 수 있는 10만 원과 내년에 받을 수 있는 11만 원 중 어느 쪽이 더 좋으니?"

이런 질문을 받는다면 여러분은 어느 쪽을 고를까? 아마 좀 고민은 될 것이다. 학생들에게도 한번 물어봤더니 많은 아이가 "지금 당장 받을 수 있는 10만 원이요"라고 대답했다. 금액을 올려서 "내년까지 기다리면 20만 원 받을 수 있어. 그러면 어느 쪽이 좋은데?"라고 다시 물어도 "지금 당장 10만 원이요"라고 대답하는 아이도 있었다.

이런 선택을 하는 이유는 '시간 할인'이라는 인간 뇌의 성질 때문이다. 눈앞의 장점에 비해 미래의 장점이 작게 느껴지는 현상이다. 게다가 아이의 시간 감각은 성인과 크게 다르다. 시간 감각은 대개 나이에 반비례한다는 이야기가 있는데 이에 따르면 10세 아이는 시간 감각을 40세에 비해 4배나 길게 느낀다고 한다. 그러니 아이에게 1년 후라는 말은 40대가 느끼는 4년 후와 같은 길이로 느껴졌을 것이다.

아이에게는 시간 할인이 성인보다 훨씬 강력하게 작용한다. 그러므로 시간 할인을 극복해야 미래의 목표를 달성하기 위한 학습 의욕을 지속할 수 있고 이를 위한 훈련도 필요하다.

냉정할 때 비교한다

그래서 권하고 싶은 방법이 있다. 눈앞에 유혹이 없을 때 냉정한 머리로 따져 보는 손익 감정이다. 사람은 누구나 유혹 앞에서 판단력을 잃기 쉬워서 나중에 후회할 잘못된 판단을 내려 버린다. 그러므로 심적으로 안정되고 냉정할 때 어느 쪽이 이득인가를 생각해 두자는 것이다.

돈을 다시 예로 들면, 1년 동안 10%나 늘어난다는 것은 최근의 은행 이자를 생각하면 상당히 이득이다. 이런 생각을 할 수 있게 되면 아이도 내년까지 기다린다는 선택을 하지 않을까.

양팔 저울을 그려서 비교한다

실제로 우리 학원에서는 학생들이 손익을 따져서 판단하기 쉽도록 그림으로 바꿔서 비교하게 한다. 양팔 저울을 그린 다음 각 무게 접시에 눈앞의 유혹과 미래의 목표를 적게 한다. '친구랑 놀기'와 '성적 향상', '게임'과 '우수반 선발', '텔레비전'과 '수학경시대회 수상', '게으른 생활'과 '원했던 동아리 가입 승인'. 이런 내용을 실제로 그려서 비교해 보면, 미래의 목표 쪽이 훨씬 가치가 크다는 것을 알아차린다. 그러면 막상 눈앞에 유혹이 다가와도 비교한 내용을 기억해서 유혹에 넘어가지 않게 된다.

내가 가르치는 학생 중 한 명은 이 양팔 저울 비교법이 마음에 들었던 것 같다. '만화'와 '성적 향상'을 접시에 그려보니 성적 향상 쪽이 중요하다고 마음 깊이 느끼게 된 것이다. 그 결과, 이전과 다르게 차츰차츰 만화의 유혹을 이겨냈다.

여러분도 아이와 함께 양팔 저울 그림을 그린 다음 직접 비교할 수 있게 해주면 좋겠다.

아이가 눈앞에 놓인 유혹보다 미래의 목표가 중요하다는 걸 스스로 깨닫는다면 학습 의욕은 더 오래 지속될 것이다.

정리하기

눈앞의 유혹을 참으려면 그렇게 해야만 하는 이유가 필요하다. 그 이유를 스스로 이해하기 위해 눈앞의 욕구와 미래의 목표를 양팔 저울에 그려 본다.

인생에서 성공하기 위해 유혹을 이기는 기술

인생에서 성공하기 위해 가장 필요한 것은 무엇일까? 다양한 의견이 있는데 흔히 예상하는 '학업 능력'도 아니고 '최종 학력'은 더더욱 아니다. 최근 연구에서는 '의지력'과 '끝까지 해내는 힘(그릿)'이 가장 유력하다고 한다. 그런데 이것들은 복합적인 힘이기 때문에 구체적으로 무엇을 의미하는지 선뜻 떠오르지 않는다. 좀 더 이해하기 쉽게 설명하면 이렇다. 의지력과 끝까지 해내는 힘에서 공통되는 요소는 '강한 인내심'이다.

미래의 성공 여부를 알 수 있는 실험

'마시멜로 실험'을 들어본 적 있는지 모르겠다. 아이가 얼마나 참을 수 있는지 그 인내심을 관찰해 장래 성적이나 성공을 예측

할 수 있는 실험으로 유명하다. 과거 1960년대에 스탠퍼드대학 부설 유치원에서 했던 간단한 실험이다. 유치원생 아이들에게 마시멜로 1개를 준 후 먹지 않고 20분을 기다리면 마시멜로를 하나 더 주겠다고 약속한다. 아이들은 '지금 먹고 싶다'와 '하나 더 받고 싶다'는 마음 사이에서 흔들린다. 이 실험은 앞에서 예로 들었던 '눈앞의 10만 원과 미래의 11만 원 중 어느 쪽을 고를까?'와 같은 것이다.

그 후 추적 관찰을 통해 4, 5세 때 했던 마시멜로 실험에서 긴 시간을 견뎌낸 아이는 대학 진학을 위한 시험 성적이 좋았고 청년기의 사회적, 인지적 기능 평가도 높았음을 알아냈다. 게다가 비만 지수나 충치 개수 같은 건강 상태, 수입, 자가주택 마련 비율, 이혼율, 전과 등 장래도 마시멜로 실험 결과와 유의미한 상관관계가 있었다. 아이가 지금 상태 그대로 성장할 경우 장래에 성공할 것인가는 대개 4, 5세 단계에서 알 수 있다는 것이다.

만일 여러분의 자녀가 마시멜로 실험에서 20분을 견뎌내지 못하고 그대로 성장한다면 기대와는 다른 장래 모습을 갖게 될 확률이 높을 것이다. 학창 시절 성적이 나쁘고, 청년기에 취업을 해도 상대적으로 수입도 낮을지도 모른다. 단, 이것은 어디까지나 확률이고 인내심이 강한 아이에 비해 그렇게 되기 쉽다는 취지의 말이다. 반드시 그렇게 된다고 할 수 없고 그래서도 안 되지만, 역시 무서운 이야기인 것은 맞다. 그런데 여기서, 여러분에게 알

자기 컨트롤 기술은 무척 중요하다.
설령 마시멜로의 유혹에 지고 말았을지라도
점차 인내하고 견뎌내는 힘이 생기기 때문이다.

리고 싶은 멋진 소식이 있다.

유혹에서 눈을 돌려라

다양한 연구 결과 마시멜로 실험을 성공적으로 완수하기 위한 비결이 있다는 게 밝혀졌다. 비결대로 실행했더니 많은 아이가 긴 시간을 견딜 수 있었다. 그리고 이 비결은 '기술'이므로 누구든지 재현할 수 있다.

이 비결만 안다면 내 아이도 마시멜로를 하나 더 받기 위해 눈앞의 마시멜로를 참을 수 있게 되고, 입시에 합격하기 위해서 눈앞의 텔레비전과 게임을 참을 수 있게 되며 창업이나 자택 구입, 결혼을 위한 자금을 모으기 위해서 눈앞의 외식과 쇼핑, 여행을 참을 수 있게 된다. 이 말을 들으니 아이의 성공이 바로 문밖에서 여러분을 기다리고 있는 것 같지 않은가.

우리 학원에서는 국어, 수학, 사회, 과학 같은 교과목 지도보다 이러한 자기 컨트롤 기술을 중요하게 여기고 지도한다. 설령 지금은 마시멜로의 유혹에 지고 말았을지라도 점차 견뎌내는 힘이 생기기 때문이다.

유혹에서 눈을 돌리는 비결은 냉정한 2층 뇌로 사고를 이동시키는 기술이다. 앞에서 설명했던, 눈앞의 욕구와 미래의 목표를 양팔 저울에 그려 넣는 것도 기술 중 하나다. 여기에 간단하면서 효과적인 기술 한 가지를 더 추가하니, 부디 기억해 두었다가 실천하길 바란다.

마시멜로 실험에서 마시멜로를 물끄러미 바라봤던 아이들은 실패할 확률이 높았고 보지 않으려고 했던 아이들은 성공 확률이 높았다고 한다. 이와 마찬가지로 다이어트 중인 성인을 대상으로 한 실험에서도 책상 서랍에 초콜릿을 넣어 둔 사람들은 책상 위에 초콜릿을 올려 둔 사람들의 3분의 1밖에 초콜릿을 먹지 않았다. 즉, 유혹을 눈앞에서 멀리 치워 두는 것만으로도 유혹에 빠지지 않게 된다는 것이다.

이 기술은 우리 학원에서도 반복적으로 지도하는 것으로 매우 높은 효과를 자랑한다. 게임이 끝나면 제자리에 가져다 놓는다. 만화는 책꽂이 뒷줄에 두고 손이 잘 닿는 앞줄에는 글로 된 책을 가지런히 꽂아 둔다. 텔레비전은 덮개를 덮어서 보지 않을 때는 텔레비전 자체가 눈에 띄지 않게 한다. 하는 김에 텔레비전 콘센트도 빼두면 더 좋다. 이것만 해도 유혹에 넘어가는 빈도가 급감했다. 여러분도 가정에서 꼭 해보길 바란다.

정리하기

유혹에 빠지지 않는 가장 간단하면서 효과적인 비결은 유혹에서 눈을 돌리는 것이다. 집에 있는 유혹의 원천을 모두 숨겨 버리자.

애플과 구글도 도입한 자제심 단련 방법

뇌를 생리적으로 단련하는 방법이 있다는 사실을 알고 있는가? 이제부터 소개할 훈련은 아이의 뇌, 좀 더 구체적으로 말하면 자제심을 관장하는 뇌의 전두전피질을 단련한다. 바로 2층 뇌 말이다.

뇌가 단련되어 강한 자제심을 갖게 된 아이를 상상해 보자. 텔레비전, 게임 등 유혹을 참고 자신이 바라던 사람이 되기 위해 열심히 공부한다. 그 결과 성적이 오르고 원하는 학교에 합격하고 원하는 직업을 갖는다.

학습 의욕을 끌어내는 R의 요소 중에는 '목적과 관련 짓기'가 있다. 누구나 잘 알고 있듯이 목적이나 목표가 없으면 다음 단계로 나아가는 게 힘들다. 부모가 아이의 곁에서 희망이 이루어지도록 도울 수는 있어도 그렇게 되도록 밀어붙이는 건 불가능하지 않겠는가. 우리도 목표가 없다는 아이에게 애를 먹은 적이 있다. '목표가 없어요'라는 말도 '공부가 제일 싫어요' 만큼 우리를 당혹스럽게 한다.

앞으로 소개할 뇌를 단련하는 훈련은 이 책의 주제이기도 한 ARCS 모델에서 조금 벗어나지만, R을 위해 아이 스스로 자신의 희망과 이상을 이미지화하는 힘을 키워 줘야 한다. 그 힘은 앞에서 말한 전두전피질에서 생기므로 R의 전제가 되는 뇌 훈련법을 소개하겠다.

하버드대학이 보증하는 뇌 훈련법

집에서도 해보면 좋은 훈련은 '명상'이다. 명상을 하면 전두전피질로 흐르는 혈액순환이 활발해진다는 사실이 확인됐다. 명상을 하면 할수록 뇌는 제 할 일을 더 잘하고 싶어서 점점 활발하게 활동한다.

하버드대학 연구 그룹이 MRI로 조사한 결과, 명상을 정기적으로 실시한 그룹의 뇌는 집중력, 감정 억제, 두뇌 유연성을 담당하는 전두전피질의 회백질이 증가했다고 한다. 즉, 명상으로 뇌의 자제심을 맡은 부분이 특히 단련되었다는 것이다. 그래서 스티브 잡스도 명상을 실천했고 구글 또한 사내 연수에 명상을 도입하는 등 비즈니스 세계에서도 명상의 효과에 주목하고 있다. 우리도 역시 명상을 교육 과정에 담았다.

아이도 능숙하게 할 수 있는 간단한 명상법

명상을 하라고 조언하면, "애들이요?" 하며 놀람 반 걱정 반의 반응이 있곤 했다. 여기서 말하는 명상은 '수행자들의 좌선처럼 특별한 자세로 앉아 사고와 감정을 없애 무의 상태를 만든다'는 완벽한 격식을 말하는 게 아니다. 간단한 명상도 확실히 효과가 있었다. 구체적으로 살펴 보겠다.

1. 움직이지 않고 가만히 앉는다.
· 의자에 앉아서 발바닥을 바닥에 딱 붙인다.
· 등을 쭉 펴고 양손은 무릎 위에 올려 놓는다.
· 손과 발을 움직이지 않도록 마음속으로 '멈춤'을 의식한다.

2. 호흡에 의식을 집중한다.
· 눈을 감거나 어디 한 지점을 응시한다.
· 호흡에 의식을 집중한다.
· 마음속으로 들이마시고, 내뱉고를 반복한다.
· 정신이 흐트러져 딴생각이 나려 할 때마다 다시 호흡에
  집중한다.

3. 호흡을 할 때의 감각에 집중한다.
· 몇 분 지나면 마음속으로 '들이마시고, 내뱉고'라고 말하는

것을 멈춘다.

- 배와 가슴이 부풀었다가 줄어드는 반복 움직임에 감각을 집중한다.
- 딴생각이 불쑥 떠오를 때마다 의식을 호흡에 집중한다.
- 감각만으로 집중하는 게 어려우면 다시 '들이마시고, 내뱉고' 라고 속으로 말한다.

성인들도 명상을 하다 보면 머릿속에 이런저런 생각이 떠올랐다가 사라진다. 나도 그렇다. 그럴 때마다 다시 명상에 집중하면 된다. 어른도 집중하기 힘든데 아이는 두말할 필요가 없다. 명상을 하는 시간이지만 안절부절못한다거나 두리번두리번 주위를 돌아본다거나 다른 것을 생각한다. 그러나 잘 못하는 아이일수록 다시 집중하려고 노력하면 더 큰 성장을 한다.

'숙제를 펴놓고 시간만 질질 끌고 있다', '게임을 과감하게 못 끄다가 문득 정신 차리면 몇 시간째 하고 있는 나를 발견한다', '시간을 지킬 수가 없다', '물건을 자꾸 잃어버린다' 같은 문제를 안고 있는 아이는 위태로운 현재 상황을 인식했을 때 곧바로 궤도 수정을 하지 못한다. 자신의 생각에 대해 판단하는 능력인 메타인지 능력이 낮기 때문이다.

이런 아이는 명상도 싫어할 확률이 높다. 단순히 처음 하는 명상이 어색하기 때문은 아니다. 그래서 더욱 정신이 흐트러지고 있는 자신을 알아차리고(자기 인식), 호흡에 의식을 되돌리려 하는 것(자기 제어)이 정말로 좋은 훈련이 된다. '집중할 수 없으면 명상의 효과도 없을 것'이란 생각은 아예 하지 말고, 정신이 흐트러지면 의식적으로 호흡에 집중하는 반복된 과정을 밟으면서 조금씩 잘하게 될 것이라고 믿자. 그리고 아이에게도 그렇게 말해 주자.

우리 학원 학생들도 꾸준히 명상한 결과 자기 제어를 잘하게 되었다. 그 효과를 매일 실감하고 있다. 부디 가정에서도 명상을 실천해서 아이의 뇌를 단련해 주길 바란다.

정리하기

목적을 갖기 위해서라도 두뇌력이 필요하다. 명상을 통해 두뇌력을 탄탄하게 단련하자.

아이의 목표는
아이가 설정한다

"다음 테스트에서는 평균점수 80을 목표로 하자!" 여러분도 아이에게 이런 식으로 말한 경험이 있을 텐데 이는 많은 부모가 쉽게 저지르는 실수다. 아이에게 '목표를 쥐여주기 때문'이다.

아이는 부모보다 세상에 대한 경험이 거의 없다. 나는 장차 무엇을 하면 좋을까? 그러려면 10년 후 나는 어떤 사람이 되어 있어야 할까? 그러려면 다음달에 나는 무엇을 어떻게 하고 있어야 할까? 이처럼 목표와 목적을 설정한 뒤 중간 지점이 되는 작은 목표를 설정해야 하는데 아이 혼자 하기란 쉽지 않다.

이럴 때 많은 부모가 하는 행동이 아이 대신 목표를 설정해 주는 것 아닐까. '아이가 먼 미래에 좋은 대학교에 가려면 좋은 중학

교에 가야 해. 그러려면 남들보다 일찍 준비를 시작해서 기초를 탄탄하게 쌓고 입시 대비를 해야겠지?'

이런 식으로 아이를 위해 삶의 레일을 깔고 혹시라도 레일에서 벗어날 것 같으면 모든 방법을 다 써서 궤도를 수정하려 한다. 하지만 그건 아이를 위한 방법이 아니다.

부모가 정한 목표에 아이의 열정이 불타오를 리 없다

앞에서도 설명했듯이 인간에게는 '내 일은 내가 스스로 정한다'는 근원적인 욕구가 있다. 자율성의 욕구는 매우 강력해서 자율성을 빼앗기고 다른 사람이 세운 계획대로 행동해야 한다면 그것이 공부든 일이든 재미있다고 여기지 않는다. 이와 똑같이, 다른 누군가가 정한 목표를 그대로 따르는 것도 아이는 흥미롭게 느끼지 않는다.

아이를 위한다며 부모가 목표를 정하고 그것을 향해 나가도록 독려해도 아이는 그 목표가 자신의 목표라 느끼지 못한다. 내가 정한 '내 것'이 아니기 때문이다. 그러니 열정도 사라지고 목표 달성에 시큰둥한 아이가 되는 것이다.

이런 아이는 눈앞에 텔레비전이나 게임 같은 유혹이 생길 때 참지 못한다. '유혹'과 '목표'를 양팔 저울에 올리면 목표 쪽이 가볍기 때문에 못 참는 것이 당연하다. 그러므로 여기서 중요한 점은, 아이 자신이 목표를 결정할 수 있도록 키우자는 것이다.

아이에게 줘야 할 것은 목표가 아니라 정보

아이가 목표를 세울 수 없는 이유는 경험 부족과 지식 부족 때문이다. 잘 모르는데 어떻게 목표를 세우고 지향할 수 있겠는가. 세상에 얼마나 많은 직업이 있는지, 그러려면 어떤 공부를 해야 하는지 모르는 상태에서 '나는 시스템 엔지니어가 되고 싶어'라는 목표를 세울 수는 없다. 어린아이의 장래 희망은 꽃가게 주인, 빵집 주인, 지하철 운전사, 아이돌, 유튜버 등 눈으로 보고 알게 된 것들이다. 그러므로 아이가 스스로 목표를 세울 수 있으려면 먼저 부족한 지식을 채우는 게 중요하다.

여기서 개인 차원에서가 아니라 국가 차원에서의 교육정책에 관한 이야기를 하고 싶다. 마다가스카르에서 실시된 실험이 있다. 교육 정보를 제공했더니 아이의 학력이 큰 폭으로 향상되었다는 결과를 낸 실험이다. 이 실험에서 초등학생 여러 명을 무작위로 나눈 다음 한 그룹의 학생과 그 부모에게만 자녀 교육에 학비와 시간을 투자하면 장래에 얼마만큼의 수입을 얻을 수 있을까에 관해 교육했다. 5개월 후, 그러한 정보를 알려 주지 않았던 학생들과 비교한 결과, 교육 정보를 알게 된 아이들의 학력이 크게 올랐다.

매사추세츠공과대학의 빈곤행동연구소는 개발 경제에 관해 다양한 연구를 축적하고 비교 분석하는 일을 하고 있는데 그들에 따르면, 겨우 5개월 정도 정보를 제공하는 게 전부였고 비용도 거의 들지 않았던 이 방법이 오히려 미국 테네시주에서 엄청난 비용을 투입해 2년 동안 운영한 소인원 수업 제도보다 높은 성과를 거두었다는 것이다. 이 실험은 교육과 학력, 직업과 수입에 관한 정보를 제공해서 아이들에게 공부해야 하는 이유(R)를 알려 주는 게 얼마나 중요한지를 시사한다.

학력과 연 수입의 관계를 아이에게 알려 주는 것을 부정적으로 생각하는 사람이 많을 것이다. 하지만 여러분의 아이가 그 정보를 모른 채 성인이 되고 그제야 세상 물정을 알게 되는 상황을 상상해 보길 바란다. 정보를 몰라서 기회조차 놓쳐 버리는 불상사가 소중한 내 아이에게 생길 수 있다. 그러니 평소에도 아이에게 직업이나 미래에 대한 정보를 주는 것이 좋고 신문이나 잡지를 통해 학력이나 직업, 연봉에 관한 기사를 살펴보는 것도 좋다. 충분한 정보로 쓸 수 있을 것이다.

직업 체험과 중학교 견학도 훌륭한 정보원이다

키자니아 같은 직업 체험 테마파크에서 직업 체험을 해보는 것도 좋다. 직업 체험 후 아이가 특정 직업에 흥미가 생기면 그 일을 하기 위해 어떤 과정을 밟으면 좋을지 알아보게 하자. '치과 의사가 되려면 대학은 치의예과에 가야 하나?', '판사가 되려면 로스쿨에 가야 할까?', '시험에 합격하려면 얼마만큼 공부해야 할까?'

아이가 목표를 세우지 못하는 이유는
'경험과 지식 부족' 때문이다. 스스로 목표를 세우고
공부에 매진할 수 있도록 좋은 정보를 주자.

등 과정을 생각하다보면 아이의 마음에 공부해야 하는 이유(R)가 생겨날 것이다.

우리 학원에서도 학부모에게 적극적으로 권하는 견학이 있다. 가고 싶은 학교를 한번 방문해 보는 것이다. 고등학교나 대학교는 학교 시설 면에서 차이가 크다. '화장실이 백화점만큼 깨끗하다'라는 이유만으로 꼭 그 학교에 가고 싶어 하는 아이가 있을 정도이다. 럭비부같이 독특한 동아리에 들어가는 게 목표가 되어 열심히 공부하는 아이도 있다. 이처럼 눈에 보이는 것들은 아이도 알아채기 쉬워서 스스로 공부해야 하는 이유(R)로 삼을 수 있다.

단, 현재 자신의 능력보다 과도하게 높은 목표는 오히려 아이의 의욕을 꺾는다. 그러므로 체험하는 학교는 아이가 어느 정도 가능성을 보이는 학교부터 가는 것이 좋다.

목표를 스스로 말할 때까지 기다린다

부모는 아이에게 정보를 계속 주면서 아이의 내면에서 목표가 싹트는 걸 가만히 기다리자. 서두르지 않아도 때가 되면 목표는 자연스럽게 생긴다.

그런데 사람은 쉽게 망각하는 존재다. 목표를 세우더라도 그 마음을 가만히 두기만 하면 슬슬 옅어진다. 그러므로 아이가 그 목표를 잊지 않고 자주 회상할 계기를 만들어줘야 한다. 아이에게 어떤 사람이 되고 싶은지, 어떤 목표를 세웠는지 자주 묻고 대답을 진지하게 들어주자.

아이의 학년이 어느 정도 높아졌을 때 '나는 이렇게 되고 싶으니까 ○○을 하겠다'는 행동 목표까지 생각할 수 있게 해주면 더할 나위 없겠다. 이는 자신의 내면에서 우러나온 '공부해야 하는 이유(R)'이므로 의욕으로 활활 불타오를 것이다.

정리하기

목표를 정하기 위한 경험·지식이 아직 부족한 아이에게 부모가 정보를 제공한다. 그런 다음 아이 스스로 목표를 세울 때까지 기다린다.

아이의 사고력을 키우는
부모의 질문 센스

"그러니까 너는 ○○라고 생각한다는 거지?" 부모와 아이를 한자리에서 만나 삼자 면담을 하다 보면 이런 식으로 부모가 자녀의 생각을 대신 말할 때가 있는데, 아이를 몰라도 너무 모른다는 생각이 든다. 설령 부모의 짐작이 맞더라도 이런 행위는 아이의 사고력을 빼앗는 행동이다.

2층 뇌는 언어로 설명하는 경험을 쌓아야 성장한다. 아이의 말을 기다리지 않고 부모가 대신 말하거나 무언가를 대신 해주는 행동은 아이의 성장 기회를 빼앗는 행위다. 아이의 지적 성장을 위해 내준 숙제를 아이 대신 부모가 해주는 꼴이다.

아이의 사고력을 키우고 싶다면 평소에 아이가 자신의 언어로 설명하는 경험을 쌓도록 도와야 한다. 이를 위한 좋은 방법이 질문이다. 지금부터 질문의 기술을 소개하겠다.

아이는 상대방이 이야기를 들어주길 바란다

인간은 말을 하고 싶어 하는 존재다. 그래서 자신의 이야기를 들어 주는 사람에게 호감을 느끼게 되어 있다. 그러니 아이가 많은 이야기를 하게 하자. 여러분 집에서는 부모와 자녀 중에 누가 더 말을 많이 하고 있는가? 부모가 주로 말을 하고 아이는 그저 짧은 대답을 하거나 고개를 끄덕이거나 하지 않았는지 잠시 생각해 보자.

'말하기:듣기=1:2'라는 공식을 기준으로 삼으면 좋다. 아이가 부모보다 2배 더 말하는 상황을 만들지는 뜻이다. 부모가 한참을 말하다 문득 '질문이 아이의 2차 뇌를 키운다'는 사실이 기억나서 "그러니까 너는 이렇게 생각한다는 거지?"라고 묻는 건 질문이 아니라 심문과 같다. 부모가 아닌 아이가 대화의 주인공이 되는 상황을 만들어 주면 좋겠다.

그렇다면 부모는 무엇을 해야 할까? 제일 먼저, 아이가 말했던 것을 그대로 반복하자. 복창하는 것이다. 복창에는 '듣고 있다', '이해했다'는 뜻을 전달해 상대방을 안심시키는 힘이 있다. 아이가 몇 번이나 같은 말을 반복하는 통에 듣기 질려버린 부모가 급

기야 "알았어, 알았다고!"라 소리쳐도 그치지 않는다면 부모가 반성해야 한다. 아이는 부모가 정말로 자기가 한 말을 알아듣고 이해했는지 불안하기 때문에 반복하는 것이다. 반대로 부모가 아이의 말을 반복하면 '너의 말을 잘 이해했다'를 나타내는 최고의 표현이 된다.

다른 사람의 실수는 잘 보여도 자신의 실수는 안 보이는 법이다. 부모가 거울처럼 혹은 앵무새처럼 아이의 말을 반복하면 아이는 되돌아오는 말에서 '내가 한 말이 뭔가 이치에 맞지 않는다'는 사실을 알아차리게 된다. 자신의 말을 다른 사람이 반복하는 걸 들으면서 자기객관화가 이루어지는 것이다.

부모의 대답이나 의견은 아이의 말을 복창한 뒤에 곁들이면 좋겠다. '그렇게 생각했구나. 엄마는 ○○가 아닐까 하는 생각도 있어'처럼 일단 아이의 말을 받아들인 다음에 의견을 말하자. [복창+대답] [복창+질문]. 이 순서가 대화의 기본 규칙이다. 꼭 기억하자.

질문 테크닉 첫째, '5W1H'

질문의 기본은 영어 의문사 '5W1H'와 같다.

- **WHAT** 구체적으로 어떤 상황이니? 지금 무엇을 하고 있니? 오늘 뭐 좋은 일 있었니?

- **WHY**   왜 그렇게 생각해? 그렇게 된 이유는 뭘까?
- **HOW**   어느 정도로 그렇다고 생각해? 어떤 기분이야?

    오늘의 자신은 몇 점 정도 되니?
- **WHEN**   언제 그렇게 생각해?
- **WHERE** 어디 있을 때, 어떤 상황에서 그렇게 느껴?
- **WHO**   누구와? 어떤 사람과 닮았는데?

아이에게 특히 효과적인 것은 '지금 무엇을 하고 있니?'이다. 아이는 지금 자신이 무엇을 하고 있는지 잘 모르고 있는 경우가 많다. 문제를 일으켜서 허둥대고 있을 때 무엇을 했는지 물으면 거의 "저 애가 ○○했다"라며 다른 사람을 지목해 말한다. 이럴 때 "너는 뭘 했는데?"라고 물으면 그 순간부터 자기객관화가 되기 시작한다.

질문 테크닉 둘째, 부드럽고 친절한 말투를 쓴다

'왜?', '어째서?'는 매우 공격적으로 들리는 말투다. 아이의 2층 뇌를 단련하고 싶어서 질문을 했지만 이런 말투 때문에 아이가 공격받고 있다고 느낀다면 2층은커녕 1층 뇌만 자극하고 끝난다. 그러니 부드럽고 친절하게 말해 보자.

"왜 잘 안 된 거야?"는 "잘 안 된 원인이 무엇인 것 같아?"나 "그렇게 된 원인은 뭘까?"로 바꾸고 "왜 그런 짓을 한 거야?"는 "그렇게 한 목적이 뭔지 알려 주면 좋겠는걸. 어떤 좋은 점이 있어서 그랬는지 궁금하거든"으로 바꾸자. 본인이 한 행동이나 말의 원인을 생각하거나 목적을 생각하라는 말만으로도 아이가 조금은 차분해진다.

질문 테크닉 셋째, 주관적인 의견의 이유를 묻는다

그저 고집만 피우는 상태에서 벗어나 논리적 사고로 인도하려면 아이가 자신의 의견을 객관화할 줄 알아야 한다. 그렇기 때문에 주관적인 발언에 이유를 묻는 것이다.

- **감정** 재미있다, 재미없다, 싫다
- **평가** 똑똑하다, 열심히 했다, 어렵다, 잘한다

부모도 이 주관적 평가에 민감해지면 좋겠다. '성적이 나쁘다'라는 평가는 전혀 객관적이지 않다. '평균점수가 50이다'라는 사실이 있다고 할 때, 그 점수가 좋은 건지 나쁜 건지 판단하는 건 주관적인 평가이기 때문이다. 다시 말해, 주관적인 평가는 선택할 수 있다. '숙제를 반쯤 끝냈다'라는 사실에 대해 성장과 초조 중 어떤 감정을 느낄지도 부모 자신이 선택하는 것이다. 그리고 주관적인 평가이므로 아이와 부모의 의견이 다를 수 있고 이는 전혀 이상한 게 아니다.

〈아이의 사고력을 키우는 세 가지 질문 테크닉 정리〉

① 5W1H를 이용한다.

WHAT   구체적으로 어떤 상황이니? 지금, 무엇을 하고 있니?

WHY   왜 그렇게 생각해? 그렇게 된 이유는 뭘까?

HOW   어느 정도로 그렇게 생각해? 어떤 기분이야?

WHEN   언제, 어느 때 그렇게 생각해?

WHERE   어디 있을 때, 어떤 상황에서 그렇게 느껴?

WHO   누구와? 어떤 사람?

② 친절한 말투를 쓴다.

"어째서 잘 안 된 거야?"

→ "잘 안 된 원인이 무엇인 것 같아?"

"왜 그런 짓을 한 거야?"

→ "그 목적이 뭔지 알려 주면 좋겠는걸. 어떤 좋은 점이 있어서 그랬는지 궁금하거든."

③ 주관적인 평가의 까닭을 묻는다.

"A는 머리가 좋아."

→ "어떤 일이 있었길래 A가 머리가 좋다고 생각했니?"

아이의 감정에 이유, 평가의 근거를 물으면 사고가 깊어진다. "왜 그 아이가 머리가 좋다고 생각했어?"라는 물음은 '머리가 좋다는 건 무슨 의미일까?'를 생각하는 기회가 된다. 아이가 "성적이 좋으니까", "산수를 빨리 푸니까"라고 대답한다면 "성적이 좋으면 머리가 좋은 걸까?", "그 아이는 왜 성적이 좋을까?", "계획을 세우고 계획대로 행동할 수 있는 사람이야말로 진짜 머리가 좋은 게 아닐까?" 하며 되묻는 것이 깊은 사고를 위한 출발점이 된다. "어떤 부분이 얼마나 어려웠는데?"라고 물으면 '어려운 문제라는 건 구체적으로 어느 정도의 문제를 말하는 걸까', '어떻게 연습하면 어려운 문제를 풀어낼 수 있을까'라는 생각으로 이어질 수 있다.

한번은 내가 가르치는 아이들에게 숙제량을 늘렸더니 "많아요! 다 못 한다고요" 하며 앓는 소리가 돌아왔다. 그때 "왜 못한다고 생각하는데?", "지금까지는 숙제하는데 시간이 얼마나 걸렸어?", "이번 숙제가 예전보다 그렇게 많은 거야?"라고 물었더니 아이들은 처음에 느꼈던 많다는 직감이 과장되었던 것을 서서히 깨달았다.

이유 없이 솟아오르는 생각인 '많다!'라는 직감은 바로 1층 뇌가 내린 판단이다. 2층 뇌를 위해 과거의 데이터와 비교해서 숫자로 생각해야 한다.

그런데 아이들은 아직 2층 뇌를 사용해 냉정한 판단을 내리는 게 어렵다. 그러니 부모가 질문을 던져서 아이가 깊은 생각을 할 수 있도록 곁에서 도와주면 좋겠다.

정리하기

아이가 많이 설명하게 하자. 어른은 '말하기:듣기=1:2' 비율을 잊지 말자. '5W1H', '부드럽고 친절한 말투', '주관적인 평가에 대한 이유 묻기'가 센스 있는 질문의 비결이다.

2장
오늘부터 실천하기

☐ 외재적 동기와 내재적 동기를 잘 알아 둔다.

☐ 공부 계획은 아이가 세우게 한다.

☐ 6개의 의욕 엔진 중 우리 아이의 성향에 맞는 것은 무엇인지
생각해 본다.

☐ 아이의 말을 끊지 말고 많이 중얼거리게 해서 생각을 키워 주자.

☐ 능력이 부족하거나 컨디션이 나쁠 때 아이의 상태를 나쁘게
해석하지 말아야 한다.

☐ 눈앞의 유혹과 미래의 목표를 비교하고 스스로 깨닫게 한다.

☐ 명상을 통해 두뇌력을 탄탄하게 단련하자.

☐ 아이가 스스로 목표를 세울 때까지 기다린다.

☐ 많은 질문을 던져 깊이 생각하는 습관을 갖게 한다.

'할 수 있다'는
자신감 심어 주기

아이의 능력은 재능이 정할까, 노력이 정할까?

'아무래도 우리 아이는 이 분야에 재능이 있는 것 같아! 커서 큰 인물이 되지 않을까?', '하아…… 우리 아이는 재능이 없나 봐…… 앞으로 괜찮을까?' 혹시 아이를 이런 식으로 생각한 적은 없는지 돌아보자.

나이가 비슷한 아이들에 비해서 성장이 빠르거나 느린 부분은 언제나 있기 마련이다. 똑같이 자라고 있는 것 같아도 형제자매 간에도 차이가 나며, 그럴 때 '혹시 재능이 있을(없을)지도……'라는 생각이 들 수 있다.

솔직히 말해 유전적인 능력 차이는 존재한다. 지능이 높거나 낮거나, 근육이 쉽게 붙거나 붙지 않거나, 키가 크거나 작거나 하는 것 말이다. 능력은 능력의 토대 위에 차곡차곡 쌓이는 것이므로 갖고 태어난 기초적인 능력(=재능)이 있으면 없는 사람보다 유리한 시작을 할 수 있다.

유아기부터 초등 시기는 재능의 격차가 의외로 크다. 이를 보고 좋아서 들뜬다거나 또래보다 뒤떨어진다며 불안하고 초조해하는 것도 부모의 마음이다. 하지만 그럴 필요가 전혀 없다! 미래의 성공은 재능이 결정하는 것이 아니다.

재능은 성공 요소 중 매우 작은 부분이다

세상에 널리 퍼진 '성공하려면 특별한 재능이 필요하다'는 오해에 대해 말하고 싶다. 인간의 능력과 재능의 관계에 관한 연구는 계속 진행되고 있다. 음악, 글쓰기, 창업, 바둑, 스포츠와 그 밖의 다양한 분야에서 탁월한 능력을 보이는 초일류와 그에 미치지 못하는 이류의 차이는 무엇 때문인지를 밝히기 위해서다.

연구 결과, 초일류와 이류의 가장 큰 차이는 '연습의 양'이었다. 예외적으로 스포츠 세계만은 '체격'이라는 재능이 성공 여부에 영향을 미치긴 하지만 그 외의 분야에서는 타고난 재능과 성공 여부에 큰 관계가 없다는 것이다.

한국 바둑계의 최고 기사들을 대상으로 한 연구에 따르면 그들의 평균 IQ는 약 93으로, 이는 일반인 평균 IQ인 100과 비교해 낮았다. 또 최고의 기사가 되는 데에 IQ가 높은 것(재능이 있는 것)이 유리하게 작용하지 않고 오히려 불리하게 작용했다고 한다. 왜 그럴까?

세계 정상급 기사들은 모두 맹렬하게 연습한다. 그 안에서도 비교적 IQ가 낮은 쪽 기사들은 높은 쪽 기사들보다 훨씬 많이 연습한다고 한다. 바둑 경력이 얼마 안 됐을 때는 IQ가 높은 쪽이 전적도 좋기 때문에 IQ가 낮은 기사는 그 뒤를 추격하고 생존해야 한다. 그렇기 때문에 연습량이 많고, 독하게 연습하는 습관이 체화되어 IQ가 낮은 쪽 기사가 결국 높은 쪽 기사를 뛰어넘어 최고가 된다는 게 연구의 설명이다. 그야말로 토끼와 거북이의 이야기 같다.

아이에게 '능력은 노력이 좌우한다'는 것을 일깨워 준다

재능이 있는 게 좋을까, 없는 게 좋을까? 결말은 아직 나지 않았다. 재능이 없었기에 노력하는 습관이 생긴 사람이 있고 '나에게는 재능이 없어'라 여기고 포기해 버리는 사람도 있기 때문이다. 전체적인 평균치를 생각한다면 재능이 있는 사람 쪽이 아주 조금 더 잘하고 있으려나?

그 결말이 어느 쪽으로 나든 확실한 것 한 가지는 있다. 바로 아이가 재능보다 노력이 중요하다고 여기는 게 좋다는 것이다. '능력은 재능이 결정한다'고 여기는 아이와 '능력은 노력이 결정한다'고 여기는 아이를 비교하면 노력이 결정한다고 여기는 아이가 학습법과 학교 성적, 시험 점수 등 모든 면에서 뛰어나다는 게 이미 밝혀졌다. 능력은 재능에 달렸다고 여기는 아이는 노력의 가치를 모르기 때문에 노력하지 않는다. 자신의 재능이 의심받는 상황이 싫기 때문에 도전도 회피한다. 그 결과, 성장도 불가능하다. '인간의 능력은 노력으로 키워나가는 것'이라고 부모와 자녀가 함께 믿어야 한다.

부모가 매일 하는 말이 좋은 사고방식을 만든다

그렇다면 재능보다 노력이 중요하다는 사고방식을 어떻게 만들 수 있을까? 부모가 아이에게 하는 말을 바꾸면 된다. 부모가 매일 하는 말이 아이의 사고방식을 형성한다.

아이가 무언가에 성공했을 때 절대로 재능을 칭찬해서는 안 된다. 노력을 칭찬하도록 하자. 또 결과만을 칭찬해서도 안 된다. 결과를 칭찬하되, 자신을 성공으로 이끈 노력을 함께 묶어서 칭찬하자.

☐ 나쁜 예 : 좋은 성적이야. 넌 정말 똑똑해.

☐ 좋은 예 : 성적을 잘 받았네. 열심히 시험공부하고,
오답정리도 꼼꼼히 하더니 이렇게 좋은 결과를 냈구나.

부디 아이와 보내는 순간마다 이렇게 노력을 먼저 칭찬해 주길

바란다. 재능보다 아이의 노력이 인정받을 때 아이는 더 크게 성장한다.

정리하기

'재능보다 노력이 중요하다'는 사실을 진심으로 믿자. 능력과 결과보다도 열심히 한 노력에 초점을 두면 아이는 크게 성장한다.

시험의 성공과 실패 원인을 찾는 법

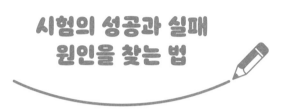

중학교 입학이 마무리되고 유명 사립중학교에 떡하니 합격한 아이에게 리포터가 질문했다.

"합격한 비결이 무엇입니까?"

결과의 원인을 묻는 질문에 아이는 무엇이라고 대답할까? 여러분은 자녀가 어떤 대답을 하길 바라는가? 내가 가르친 학생이라면 다음과 같이 대답했을 것이다.

"매일 목표를 세우고 달성했기 때문입니다."

"반복해서 풀기를 3회 정도 하면서 안 풀리던 문제를 풀 수 있게 되었기 때문입니다."

"기출문제 시험 점수가 나빴지만 포기하지 않고 몇 번이나 풀었기 때문입니다."

다른 예를 들어 보겠다. 중학생이 되어 치른 첫 중간고사의 영어 점수가 나빴다고 치자. "영어 점수가 왜 이렇게 나쁜 걸까?"라는 질문에 아이는 어떻게 대답할까?

"공부량이 부족해서 그런가? 역시 3일 전부터 시험 공부를 시작하면 너무 늦나 봐."

"새로 부임한 선생님의 시험 문제가 어려워. 그 선생님은 문제를 어렵게 만든다고 소문이 자자했어."

"아빠도 엄마도 영어를 못했다며. 이거, 유전 아냐? 영어가 나한테 안 맞는다고."

'좋은 원인'을 찾아라

이번에는 좋은 원인을 발견하는 방법에 관해 설명하겠다. 무언가에 도전했지만 실패했을 때 실패한 원인을 알게 되면 다음번 도전에서는 실패하지 않을 수 있다. 실패 원인을 제거하면 되기 때문이다. 무언가에 도전해서 성공했을 때도 성공한 원인을 알게 되면 다음번 도전에서 다시 성공할 수 있다. 몇 번이라도 성공할 수 있다.

즉, 원인을 발견한다는 건 실패할 확률을 줄이고, 성공할 확률을 높일 수 있다는 의미다. 그렇지만 원인을 발견했다 해도 자신이 컨트롤할 수 없는 환경이나 재능이 원인이라면 발견한 의미가 없을 것이다. 극단적이지만, '전생에 지은 죄 때문이다'라든가

'신이 내린 결과다'라고 말 한다면 무슨 일이든 자포자기하지 않을까?

결과를 바꾸고 싶고, 좋은 결과로 이어지길 바란다면 행동에 변화를 줄 원인을 발견해야 한다. 여기서 좋은 원인이란 자신이 컨트롤 할 수 있는 것을 말한다. 좋은 원인과 나쁜 원인의 차이를 구체적으로 설명하기 위해 긍정심리학의 권위자인 마틴 셀리그먼Martin Seligman과 그의 동료들이 한 실험을 소개하려고 한다.

그들은 실험 대상자에게 다음과 같은 질문을 했다.

"지금부터 이런 상황을 상상해 주십시오. 다른 사람이 당신에게 부탁한 일이 있습니다. 그런데 그 일을 시간에 맞춰 전부 끝낼 수 없을 것 같습니다. 그럼 끝낼 수 없는 주요 원인을 한 가지 생각해 주십시오. 어떤 원인이 머리에 떠오릅니까?"

사회적으로 성공한 사람들의 응답 중 가장 많은 비중을 차지한 건 '시간 관리에 실패했기 때문이다'와 같이 스스로 통제할 수 없었던 내용이라고 한다. 반면에 상대적으로 사회적 성공을 이루지 못한 사람들은 '의지가 없어서', '나는 무엇을 해도 잘 안 풀리니까'와 같이 개선의 여지가 없거나 개선 방법이 불분명한 요소를 원인으로 꼽았다고 한다.

여러분은 이 둘의 차이를 발견했을까? 일어난 일의 원인을 어디에서 찾는가를 나타내는 용어가 '원인귀속'이다. 아이들에게는 귀속이라는 말이 어려울 수 있기 때문에 '원인분류'라고 가르치고 있다. 교육심리학 분야에서는 미국의 심리학자인 버나드 와이너 Bernard Weiner에 의한 원인분류표가 유명하다.

가로축은 '내 탓(내적)', '다른 사람 탓(외적)', 세로축은 '다음에는 다를지도 모른다(가변)', '매번 같다(불변)'이다. 이 표를 이용해 다양한 원인을 분류할 수 있다.

	내 탓(내적)	다른 사람 탓(외적)
다음에는 다를지도 모른다(가변)	노력·방법	운
매번 같다(불변)	성격·능력	환경(학교·가정)

결과의 원인을 무엇이라고 생각해야 지속적인 좋은 학습으로 이어질 수 있을까? 이 분류표를 만든 와이너는 내적 가변 원인에 해당하는 '노력'에 착안하는 게 좋다고 주장한다. 노력은 자신이 컨트롤 할 수 있는 것이고 훈련을 통해 더 효과적으로 활용할 수 있기 때문이다. 시험에 합격한 원인, 불합격한 원인도 원인분류

시험에 합격한 원인	내 탓(내적)	다른 사람 탓(외적)
다음에는 다를지도 모른다(가변)	노력했기 때문에	운이 좋았기 때문에
매번 같다(불변)	재능이 있기 때문에	시험이 쉬웠기 때문에

시험에 불합격한 원인	내 탓(내적)	다른 사람 탓(외적)
다음에는 다를지도 모른다(가변)	노력이 부족했기 때문에	운이 나빴기 때문에
매번 같다(불변)	재능이 없기 때문에	시험이 어려웠기 때문에

표를 통해 표와 같이 정리할 수 있다.

'왜+왜' 생각법으로 깊이 파고든다

어떻게 하면 아이가 좋은 원인인 '노력'에 주목할 수 있을까? 그것은 바로 질문을 반복하는 것이다. 질문을 반복하면 대답이 점점 구체적으로 바뀐다. 예를 들어 많은 아이가 좌절하는 시계 계산 시험에서 왜 많이 틀렸는지 이유를 물었다고 하자. '시계 계산이 싫어서', '시계 계산을 못하기 때문에'는 내적 불변 원인인 성격·능력 탓으로 원인을 돌리는 대답이다. 이러한 대답 속에는 '이런 걸 좋아할 리가 없잖아. 가능한 일이 아니야'라는 생각이 은연중에 담겨 있을지도 모른다. 그럴 때 부모는 한 번 더 질문하는 게 좋다. 아이가 왜 시계 계산을 싫어하고 잘 못하는가에 관해 스스로 더 깊게 파고 들어가 볼 수 있도록 말이다.

우선 '시계 계산 문제를 연습할 시간이 부족했다', '문제집을 한 페이지 정도밖에 풀지 않았다'라는 노력의 양에 주목하면 좋겠다. 그러면 노력의 양을 늘려야겠다는 새로운 대책을 세울 수 있을 것이다. 또 '노트에 그림을 그려가며 풀어야 하는데 그렇게 하지 않았다', '시계 계산 풀이 과정을 꼼꼼히 확인하지 않았다', '각도를 묻는 문제인지 시각을 묻는 문제인지 구별해 생각하지 않았다'라는 노력의 질에 주목하면 숙제를 하는 방법과 수업에 적극적으로 참여하는 개선책을 마련할 수 있을 것이다.

나아가 '시곗바늘 2개가 함께 움직여서 까다롭다', '나온 답이 뭔가 이상하게 느껴지는 분수여서 싫었다(시계 계산 문제의 답은 거의 분모가 11인 분수가 되므로 아이는 심리적으로 이상하게 여기곤 한다)'라고 문제에 관한 구체적인 대답이 나오면 정말 좋다. 대책도 구체적으로 생각할 수 있기 때문이다. 답이 분수가 되는 문제를 한 세트 정도 풀어 본다거나 반대로 답이 분수가 되지 않는 문제를 풀어 보는 등 더 구체적인 대책이 세워질 것이다. 좋은 결과를 얻으려면 무엇을 하면 좋을까에 대해 구체적인 대답이 나올 때까지 질문을 반복하자.

정리하기

스스로 통제 가능한 노력(=학습법+학습량)에 주목하자. 원인의 원인을 거듭 생각하면 대처 가능한 수준까지 구체화할 수 있다.

할 수 있다는 자신감을 키우는 작은 비결

"열심히 해! 포기하지 마! 넌 할 수 있어! 좀 더 힘을 내!" 이만큼 정열적인지는 모르겠지만 여러분도 분명히 자녀를 응원하고 있을 것이다. 그리고 아이가 자신감을 가지길 원한다.

그런데 자신감을 가지라는 이런 응원은 안타깝게도 효과가 거의 없다. 오히려 본격적으로 힘을 내야 하는 실전에서 자신감이 부족해 제대로 실력 발휘를 못 하거나, 준비 기간부터 이미 집중하지 못하는 자신감 결여 문제를 먼저 해소해야 한다. 이런 문제는 결코 부모의 응원만으로 해결되지 않는다. 여기에 자신감을 키우는 더 효과적인 방법이 있다. 잘 기억했다가 꼭 실천하길 바란다.

'자기 긍정감'과 '자기 효능감'이라는 두 가지 자신감

자기 긍정감은 '나는 지금의 내 모습이 좋아', '나는 내가 좋아'라는 마음이 드는 편안과 안심을 말하며 부모가 아이에게 보이는 애정표현과 관련이 있다. 여러분은 아이에게 '성적이 나빠도 너를 소중히 여긴단다'라고 표현하고 있는가? 아이가 '성적이 나쁘면 미움받을지도 몰라……'라는 생각을 하지 않게 자주 애정표현을 하길 바란다.

이와 달리 학습에 관한 자신감은 자기 효능감이라고 한다. 자기 효능감은 '나는 할 수 있다'라는 마음이 드는 실력이나 능력에 대한 자신감이다. '최고난도 문제를 풀 수 있다', '노력을 오랫동안 지속할 수 있다'가 자기 효능감에 해당한다. 말할 것도 없이 자기 효능감이 있는 아이가 고난도 문제에 덤벼들고, 틀리더라도 알아낼 때까지 매달린다. 결국에는 해낼 수 있다는 자기 효능감이 아이를 학습으로 이끌기 때문이다.

자기 효능감을 키우는 세 가지 방법

자기 효능감을 키우는 방법은 크게 세 가지가 있다.

· 성공 경험을 쌓는다.
· 타인의 성공을 간접 체험한다.
· 설득한다(다른 사람의 설득 그리고 자기 설득).

가장 좋은 방법은 성공 경험을 쌓는 것이다. '지금까지 이렇게 해냈다'는 성공의 축적이 '다음에도 당연히 할 수 있다'는 생각을 만들기 때문이다. 그렇다고 뭐든지 성공만 하면 된다는 의미는 아니다. 눈앞에 놓인 과제를 과연 해낼 수 있을지 의심하고 자신 없다고 여겼던 것에 도전해 성공하는 경험이 자기 효능감을 만든다는 것을 기억하자.

성공 경험은 작더라도 꾸준히 쌓아 나가야 한다. 맨 처음에는 난도를 낮춰서 하다가 서서히 높이는 것이다. 그런데 하다 보면 어느새 한계점이 보이기 시작한다. 그 한계점을 극복하는 경험을 반복해야 '어? 어렵지만 성공할 수 있을 것 같은데?'라는 자신감이 생긴다.

다른 사람의 성공을 간접 경험해 보는 것도 자기 효능감으로 이어진다. 그렇다고 해서 반드시 아이와 친한 사람일 것까진 없다. 친한 사람의 상황을 잘 알아서 '어차피 그 사람은 나하고는 다르니까……'라며 시작하기도 전에 위축되면 듣는 시늉도 안 할 테니 말이다.

이 두 번째 방법은 그 사람을 통해 자기 투영이 가능한가가 중요 포인트다. 예를 들면, 같은 학원에서 입시 결과가 좋았던 언니나 오빠는 매우 훌륭한 롤 모델이다. 자기 투영도 쉬워서 1년 전 언니나 오빠가 했던 공부 방법을 따라 하면 자신도 성공할 것 같다고 여기게 된다.

마지막으로 설득에 의해서도 자기 효능감을 단련할 수 있다. 단, 이것은 유지 기간이 짧다는 것을 기억하자. 설득되어 '가능할 것 같다'라는 기분이 드는 동안 진짜 성공 경험을 해야 한다. 시간이 지날수록 그런 기분은 스르륵 사그라들기 때문이다. 성인은 세 번째 방법인 설득을 가장 많이 사용하는데 이때 중요한 점은 설득 배후에 성공을 위한 만반의 준비가 되어 있는지 여부일 것이다.

자기 효능감을 높이는 효과적인 방법

우리 학원에서는 '미래 합격 글쓰기'라는 지도를 하고 있다. 이것은 입시를 하기 전에 '합격해서 정말 기쁩니다. 제가 합격한 이유는 ○○을 했기 때문입니다'라는 주제로 합격 체험기를 쓰는 것이다. 아이들에게 지망했던 학교에 합격했다는 이미지를 갖게 하고 주변 어른과 친구들의 반응까지 최대로 구체화한 모의 성공 경험을 시키기 위해서다. 이것은 모의 경험과 현실을 구별하지 못하는 뇌의 성질을 이용해서 자기 효능감을 일시적으로나마 높이는 방법이다. 게다가 합격 이유를 구체적으로 적어보면서 '합격하려면 공부를 제대로 해야 할 텐데 과연 어떻게 공부해야 할까?'를 생각해볼 기회가 된다. 선생님이 첨삭은 하지만 기본적으로 학생 스스로 글을 쓰기 때문에 아이는 미래에 가고 싶은 학교에 합격하겠다는 의지를 담아 세운 공부 계획을 그대로 실천하려고 한다.

좋은 행동을 이미지화하고 행동까지 개선해서 공부하는 것이므로 그 영향은 서서히 결과로 나타난다. 작은 것일지라도 좋은 변화를 발견하면 그 변화를 말로 표현해 주자. 그래서 '목표에 다가갔다', '글에 적었던 대로 되어가고 있다'는 자신감을 아이가 가질 수 있게 하자.

성공에 다가서기 위해 실패와 마주하기

아이에게서 자신감을 빼앗는 것은 뭐니뭐니해도 '실패'일 것이다. 하지만 한 번도 실패해보지 않은 아이는 없다. 실패를 성공으로 바꿔나가는 과정이 학습이기 때문에 오히려 많은 실패를 해야 한다. 그러나 이 말은 실패와 제대로 마주할 때의 얘기다. 아래에 설명하는 것처럼 실패를 세 가지 측면에서 볼 줄 알아야 제대로 마주 설 수 있다.

· 실패의 실질적인 면

'불이익'이다. 올림픽에서 실패하면 금메달을 딸 수 없듯이 입시에서 불합격할 수도 있다. 절대 실패하면 안 되는 실전에서 반드시 성공할 수 있도록, 연습할 때는 '실패해도 크게 문제 되지 않는 환경'을 조성해야 한다.

· 실패의 감정적인 면

'불쾌감'이다. 이게 골칫거리다. 선생님도 부모도 아이의 틀린 답이나 낮은 점수를 직면했을 때 입으로는 "앞으로는 잘하자"라며 격려하면서도 자기도 모르게 부정적인 반응을 보이기 쉽다. 이런 경험이 반복되면 아이가 실패를 두려워할 수도 있다.

· 실패의 정보적인 면

'교훈'이다. 실패에는 반드시 원인이 있기 마련이라 그 원인을 정보 삼아 훈련하면 같은 실패를 반복하지 않게 된다. '실패는 성공의 어머니'란 말이 여기에 해당한다.

그러니 시험에서 실패를 해보면 어떨까? 테스트의 목적은 어디까지나 자신의 현재 위치를 가늠하고 목표까지 남은 거리를 확인하는 것이다(성적이 좋은 사람에게는 목적지를 향하는 동안 만나는 작은 이벤트에 불과하겠지만). '어느 부분까지 제대로 이해하고 있는가(=어디부터 잘 모르겠는가)'와 '나는 왜 틀렸는가'를 알려면 테스트에서 실패를 경험해야 한다.

그런데 실패를 하고 나서 '이렇게 낮은 점수라니 다시 보고 싶지 않아. 숨기고 싶어'라 생각하는 아이가 많다. 이런 아이는 자신에게 '무능하다'는 꼬리표가 붙을 거라고 여기기 때문에 테스트 결과를 두려워한다.

여기까지는
이해 끝!

테스트의 목적은 이해의 정도와
목표까지의 거리를 확인하는 것이다.

그러니 주변 사람도 실패로 인한 불이익을 될 수 있으면 밖으로 표현하지 않도록 하자. 오히려 실패를 긍정적으로 여겨 아이의 불쾌감과 불안감이 줄어들게 도와야 한다. 또한 실패에서 성공을 위한 정보를 얻고 교훈에 초점을 맞춰야 한다. 이것이 실패와 마주 서기 위한 중요 포인트다.

정리하기

성적을 높이려면 자기 효능감이 필수다. 따라서 자신 혹은 다른 사람의 성공 경험이 필요하다. 자기 효능감이 떨어지지 않도록 실패를 정보와 교훈으로 삼는 것이 좋다. 물론 부모도 아이를 꾸짖지 말아야 한다.

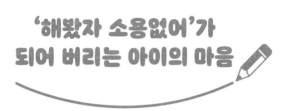

'해봤자 소용없어'가 되어 버리는 아이의 마음

어느 서커스 장면이다. 코끼리가 작은 나무에 묶여 있다. 당연히 코끼리의 몸은 나무보다 크기 때문에 도망가려고 마음먹으면 나무를 뽑아내고 도망갈 수 있을 것이다. 하지만 코끼리는 도망치지 않는다. 코끼리는 '그런 일은 할 수 없어'라고 진심으로 믿기 때문이다. 어렸을 때 묶였던 말뚝이 어떤 짓을 해도 부러지지 않아, 도망갈 수 없다는 것을 학습한 코끼리는 도망갈 수 있는 상황이 되어도 도망가려 하지 않는다.

이 유명한 이야기는 칼럼니스트 제프 톰슨Geoff Thompson의 책에도 실려 있다. 여러분도 어디선가 이것과 비슷한 이야기를 들은 적 있지 않은가? '상자에 갇힌 벼룩은 상자 높이 이상으로는 뛸 수 없게 된다'라는 이야기도 있다.

작은 나무에 마음이 묶이는 과정

도망가지 못하는 코끼리 이야기는 비슷한 실험에 의해서도 확인되었다. 미국의 심리학자 마틴 셀리그먼Martin Seligman은 개를 세 그룹으로 나눠서 다음과 같은 실험을 했다.

첫 번째 그룹의 개는 움직이지 못하도록 고정한 뒤 예고 없이 약한 전기 자극을 주었다. 만일 개가 눈앞에 있는 스위치를 누르면 전기 자극은 멈춘다. 두 번째 그룹도 움직이지 못하도록 고정하고 예고 없이 전기 자극을 준다. 그런데 두 번째 그룹은 자극을 멈추게 할 장치가 없어서 자극을 오로지 견뎌야 한다. 세 번째 그룹의 개에게는 전기 자극을 주지 않는다.

그런 다음, 울타리로 공간을 나눈 실험 상자에 개들을 넣고 다시 전기 자극을 주었다. 실험 상자 속 전기 자극은 한쪽 바닥에만 흐르기 때문에 개는 상자를 가로지르는 낮은 울타리를 넘어 반대 공간으로 가면 전기 자극에서 벗어날 수 있다.

또한, 전기 자극 전에는 실험 상자 안을 어둡게 해서 곧 전기 자극이 있을 것을 알 수 있도록 개들에게 예고했다. 과연 각 그룹마다 개들의 행동에 차이가 나타났을까?

실험 결과, 첫 번째 그룹과 세 번째 그룹의 개는 전기 자극의 예고가 있으면 울타리를 넘어가서 자극을 피했다. 이에 반해 두 번째 그룹의 개는 예고가 있어도 울타리를 넘어가려 하지 않고 가만히 전기 자극을 참고 있었다. 도망가려고 하면 충분히 도망갈 수 있는 상황이었는데도 말이다.

당신도 작은 나무에 묶여 있지는 않은가?

여러분은 어렸을 때 어떤 과목을 싫어했는가? 그 과목을 놓고 '어차피 해도 소용없으니 그냥 포기하자'는 생각을 하지는 않았는가? 또는 '나는 수학을 잘 못하니까 일단 인문계로 들어간 뒤 수학을 전혀 사용하지 않는 학과로 진학하자'라고 생각하지 않았는가?

학생들과 지내다 보면 이러한 무력감 때문에 아예 공부를 포기해 버리는 안타까운 아이들이 많다. 예정된 테스트는 하루하루 다가오고 어쨌든 공부를 하면 나쁜 성적은 면할 수 있는데도, 어차피 좋은 성적을 받는 것은 불가능하다며 아예 공부를 하지 않고 포기해 버린다. 성적 때문에 부모님께 혼이 나도 그저 가만히 견딘다. 정말이지 아이들이 이런 '무력감'을 느끼지 않았으면 좋겠다.

무력감은 열심히 했는데도 실패했던 경험에서 생긴다

아이가 무력감을 느끼지 않게 하려면 부모는 무엇에 신경 써야 할까? 결과는 자신의 노력과 연결되어 있음을 아이에게 이해시켜야 한다. 자신의 노력과 결과가 무관하다고 느낄 때 무력감이 생긴다. 그러므로 결과가 나쁠 때는 '노력의 양이 부족했던 건 아닐까?', '노력한 방식이 잘못된 게 아닐까?'라며 자신의 지난 시간을 돌아보게 하고 공부하는 방법을 개선할 수 있게 도와야 한다. 즉, 앞서 살펴본 '원인귀속' 사고방식을 아이가 알아야 한다. 아이가 스스로 '이렇게 하면 좋았을 텐데'를 깨닫고 행동으로 실천하면 무력감은 생기지 않는다.

잘못된 말하기 예

· "어째서 이런 것도 못 하는 거야?"

→ 아이는 '나한테 그런 능력이 없기 때문이다'라고
받아들이게 된다.

→ 능력이 없어서 그런 거니 어쩔 수 없다고 느낀다.

→ 무력감이 생긴다.

· "그러니까 제대로 공부 좀 하라고 했잖아!"

→ '제대로'라는 말의 의미가 너무 추상적이라 아이는
그 '제대로'가 무엇인지 모른다.

→ 올바른 방법, 올바른 공부량과 실제 자신이 하는 공부 방법,
공부량을 비교할 수 없다.

→ 어떻게 해야 좋았을지 모른다.

→ 무력감이 생긴다.

한편 실패 후 성찰 없이 가만히 놔두면 실패는 '실패의 어머니'가 된다. 실패를 성공의 어머니로 바꾸기 위해 실패한 경험을 올바르게 받아들이는 방법을 아이에게 지도해주길 바란다.

정리하기

많은 아이가 무력감 때문에 할 수 있는데도 안 하고 포기하려 한다. 실패했을 때는 개선책을 생각할 수 있게 지도하고, 무력감을 느끼지 않도록 도와주자.

테스트 결과가 나빠서 침울해하는 아이를 올바르게 인도하자.
아이에게 실패를 올바르게 받아들이는 방법을 알려 주어야 한다.

문제가 너무 어려우면
성장하지 못한다

"아이가 모르겠다고 하는 어려운 응용문제를 학원에서 열심히 배워서 이제는 제법 풀 수 있게 됐다고 생각했어요. 그런데 시험에 나온 문제를 전혀 풀지 못했대요. 그래서 왜 그랬는지 물었더니, 푸는 방법을 완전히 까먹었다고 하는 거예요."

이것은 흔히 접하는 전형적으로 잘못된 교육이다. 아이가 잘되길 바라는 마음으로 열심히 가르쳤고 '아이도 마침내 어려워하던 문제를 이해했다!'라고 생각했는데 결과적으로 그렇지 못했으니 부모에게도 기운 빠지는 일이 아닐 수 없다. 그러나 훗날에 있을 더 커다란 문제와 비교한다면, 솔직히 말해 이런 실망은 아주 사소한 일에 불과하다.

아이가 결국 공부를 싫어하게 만든 부모

앞서 말한 더 커다란 문제란 이렇게 부모가 실망하고 아이에게 스트레스를 주는 과정이 반복되면서 아이가 노력의 가치를 느끼지 못하게 된다는 점이다. '어차피 해도 소용없어'라는 마음만큼 아이의 의욕을 꺾어 버리는 게 또 있을까. 결과적으로 아이는 공부를 싫어하게 되고 경우에 따라서는 모든 노력 자체를 부정하게 된다.

의욕 없는 아이를 앞에 놓고 어떻게든 공부 좀 시켜 보려는 어려움을 한번 상상해 보길 바란다. 억지로 공부를 시켰더니 꾸물대며 시간만 흐를 뿐 전혀 진도가 나가지 않는다. 물론 성적도 향상될 리 없다.

왜 이런 일이 일어날까? '자신의 능력을 넘어서는 도전은 성장으로 돌아오지 않는다'는 사실을 많은 부모가 모르기 때문이다. 흔히 사람들은 '성장을 위해서는 적당한 스트레스가 필요하다'고 한다. 그래서 과제를 수행할 때의 스트레스 정도를 단계별로 나눈 것이 쾌적존, 성장존, 패닉존이며, 이는 '경험 학습'에서 중요 포인트를 설명할 때 자주 사용된다.

- **쾌적존** : 스스로 과제를 할 수 있고 간단하지만, 연습은 되지 않으며 스트레스가 거의 없는 상태

- **성장존** : 선생님의 설명과 모범 답안 해설 등 도움이 있으면 과제를 할 수 있는 적당한 스트레스 상태

- **패닉존** : 과제가 너무 어려워서 이해할 수 없고 설령 이해했더라도 표면적인 이해이기 때문에 곧 잊어버리는 과잉 스트레스 상태

이 3단계는 아이의 실력이 향상되려면 적당한 스트레스가 필요하고, 본인의 실제 실력보다 한 단계 정도 상위의 과제를 수행해야 한다는 '경험 학습'의 핵심을 가장 잘 드러내며 아이들의 교육에도 정확히 들어맞는다.

패닉존에서는 성장할 수 없다

우리 학원에서 실시했던 실험으로도 이를 확인할 수 있었다. 다음의 표는 '오답 풀이의 효과를 측정하는 실험'의 결과로 A클래스의 아이와 B클래스의 아이로 나누어 집계한 것이다.

비교적 간단한 기초 레벨(183쪽 표)에서는 A클래스의 아이와 B클래스의 아이 모두 오답 풀이 효과로 30점 이상 상승했다. 학습이 아이에게 정착된 것이다. 이에 비해 고난도 레벨(184쪽 표)에서는 A클래스의 오답 풀이 효과 측정이 평균 30점 상승했던 것에 비해 B클래스는 13.33점밖에 상승하지 않았고 C클래스는

전혀 나아지지 않았다. 차이가 너무나 명확했다.

기초 레벨

		1회 점수	2회 점수	3회 점수
A클래스	1	60	90	90
	2	30	70	80
	3	50	80	70
B클래스	4	30	50	70
	5	20	40	30
	6	0	30	60
	7	10	40	50
	8	10	10	50
	9	30	50	70
	10	0	10	30
A클래스 평균		46.67	80.00	80.00
상승			33.33	33.33
B클래스 평균		14.29	32.86	51.43
상승			18.57	37.14
평균		24.00	47.00	60.00
상승			23.00	36.00

고난도 레벨

		1회 점수	2회 점수	3회 점수
A클래스	1	50	80	80
	2	30	80	70
	3	30	50	60
	4	30	40	50
	5	10	50	40
B클래스	6	10	40	40
	7	0	0	0
	8	0	0	10
	9	0	0	10
	10	20	0	10
	11	10	30	30
C클래스	12	0	0	10
	13	10	10	10
	14	0	10	0
	15	10	0	0
	16	0	10	0
A클래스 평균		30.00	60.00	60.00
상승			30.00	30.00
B클래스 평균		6.67	13.33	20.00
상승			6.67	13.33
C클래스 평균		4.00	6.00	4.00
상승			2.00	0.00

이처럼 아무리 설명하고 '오답 풀이'라는 바람직한 공부 방식을 적용해도 애초부터 아이에게 버거운 패닉존 문제를 풀게 하면 성장으로 이어지지 않는다. 성장이 없으면 성적 향상도 없다. 다시한번 말하지만, 피로만 누적될 뿐 무의미하다. 아예 공부를 싫어하게 만들기 때문에 무의미를 넘어 해악이다.

아이가 성장하는 공부 레벨이란

해결책은 성장존에 딱 맞춘 공부를 반복하는 것이다. '알고 있다고 생각했는데 까먹었다'라는 것은 곧 패닉존에 있었다는 말이되므로 다시는 그 레벨을 쳐다보지 말자.

성적별로 나눠진 클래스 안에서도 좋아하는 과목과 그렇지 않은 과목에 따라 성과에 차이가 난다. 따라서 우리 학원에서는 각아이에게 맞는 레벨의 과제가 부여되도록 매우 신경 쓰고 있다. 아이에게 맞는 레벨인지 아닌지를 관찰하는 것은 가정에서도 충분히 가능한 일이다. 무리해서 어려운 패닉존의 문제를 풀게하는게 오히려 해롭다는 것을 알고 있으면 여러분의 행동은 상당히바뀔 것이다.

'열심히 했지만 잘되지 않았다'는 경험 때문에 자신감(C)도 잃고 '해서 다행이다'라는 만족감(S)도 줄어든다. 또 아이가 공부를싫어하게 되어 계속해서 고통을 겪게 될 것이다.

공부 수준을 성장존에 맞추면
아이의 자신감(C)과 만족감(S)이 쑥쑥 자라난다!

반대로, 성장존에 맞춘 공부를 해서 '열심히 했더니 좋은 결과가 나왔다'는 경험을 쌓으면 자신감(C)과 만족감(S)이 쑥쑥 성장해 공부를 좋아하는 아이가 될 것이다. 그러므로 반드시 성장존에 맞춘 학습을 해야 한다.

정리하기

성적 향상의 최단 루트는 성장존의 학습에 집중하는 것이다. 까치발까지 들어서 패닉존으로 손을 뻗으면 안 된다.

학습을 망치는
2개의 장애물

여러분은 예전에 샀던 예쁜 바지를 입기 위해 5kg 정도 다이어트를 해야겠다고 마음먹고 헬스장에 갔다(ARCS 모델의 'R'이다). 헬스 트레이너가 "러닝머신에서 매일 2시간씩 20km를 2개월 동안 달리면 살을 뺄 수 있어요. 그런데 도중에 걸으면 안 되고 끝날 때까지 뛰어야 합니다"라고 말하는 것이다. 이런 말을 들으면, 할 마음이 생길까?

여러분의 아이가 어느 중학교에 진학하고 싶어 한다. 그래서 합격하려면 어떻게 공부해야 하는지 알아봤더니, '매일 2시간씩 고난도 문제만 있는 기출 문제집을 두 달 동안 쉬지 않고 풀면 합격할 수 있다. 단, 시종일관 집중력을 유지할 것'이라는 것이다. 이런 말을 듣는다면 아이는 어떤 생각을 할까?

결과 기대와 효력 기대

실제 행동으로 옮기기 전에, 그 결과가 가치 있으리라 여기는 것(R: 살 빼고 싶다, 합격하고 싶다, 높은 성적을 받고 싶다는 바람) 외에 2개의 장애물이 존재한다. 이것은 캐나다의 심리학자 앨버트 반두라Albert Bandura가 주장한 '결과 기대'와 '효력 기대'라는 장애물이다.

결과 기대는 행동을 하면 결과를 얻을 수 있을 것이라는 기대(전망)이다. '달리기만 하면 살이 빠진다니 그럴 리 없어', '문제집을 풀기만 하면 합격한다니 믿기지 않아'라는 생각이 들면 실행할 기분이 들지 않을 것이다.

'효력 기대'란 자신이 그 행동을 제대로 실행할 수 있다는 기대(자신감)이다. '매일 2시간씩 러닝머신이라니, 말도 안 돼', '두 달간 매일 2시간씩이나 집중해서 문제집을 풀어야 한다니, 이건 처음부터 불가능이야'라고 여긴다면 효력 기대는 생기지 않을 것이다.

그런데 여러분은 발견했을까? 이 두 경우 모두 부정적인 감정이 실천을 가로막고 있다. 이 두 장애물을 동시에 뛰어넘을 방법이 필요한 이유다.

행동에 따른 결과를 즉시 체감하게 한다

먼저, 결과 기대라는 장애물을 극복하기 위한 방법이다.

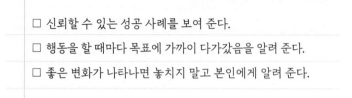

□ 신뢰할 수 있는 성공 사례를 보여 준다.

□ 행동을 할 때마다 목표에 가까이 다가갔음을 알려 준다.

□ 좋은 변화가 나타나면 놓치지 말고 본인에게 알려 준다.

　아이 입장에서 신뢰할 수 있는 성공 사례는 가까이서 볼 수 있는 사례다. "엄마가 어렸을 때 이런 식으로 공부했더니 좋은 결과가 있었어"와 같은 예시는 아이가 직접 볼 수 없기 때문에 아이 주변의 성공 사례라고 할 수 없다. 형제자매나 선배, 친구의 성공이 바로 가까운 성공 사례다.

　물론 아이와 가장 가까운 것은 아이 자신의 성공이다. 그러니 한 발자국이라도 움직이면 그로 인해 생긴 좋은 결과, 성공을 알려 주자. 문제집을 하루라도 더 풀었으면 "다음 모의시험에서 이 문제가 나오면 잘 풀 수 있겠는걸?"이라고 말해 아이로 하여금 '문제집을 푼 행동에 의미가 있었다(R)', '행동하면 효과가 있다(S)'를 깨닫게 하는 것이다.

　사람이 자기 키를 직접 재 보기 전까진 키가 컸는지 그대로인지 잘 모르듯이 아이도 자신의 성장을 알아차리지 못한다. 예전에는 못 풀었던 문제를 풀 수 있게 되더라도 정작 아이 본인은 처음부터 풀 수 있었다고 착각한다. 따라서 부모는 아이의 성장을

될 수 있으면 장애물의 높이를 낮춰서
아이가 자신감을 갖게 한다.
아이가 작은 성공을 쌓을 수 있도록 도와주자.

발견할 때마다 알려줄 필요가 있다.

효력 기대를 극복하려면 할 일을 세분한다

이번에는 효력 기대라는 장애물을 극복하는 방법인데, 다음과 같이 섬세하게 공을 들이자.

□ 일단 간단한 과제에서 성공 체험을 쌓는다.

□ '지금의 실력보다 조금 위 단계'의 과제에 집중한다.

□ 분량이 많아보일 때는 세분해서 적어보이게 한다.

□ 시작 지점을 은근히 감춰서 '벌써 이만큼이나 했다'라는

　상황을 만들어낸다.

중요한 건 '조금씩 단계적으로' 하는 것이다. 비유하자면, 절룩 거리는 발로도 불편을 겪지 않고 올라갈 수 있을 만큼 계단 높이 를 낮추는 것이다. 효력 기대란 그야말로 자기 효능감, 즉 '나는 이것을 할 수 있다'는 능력에 대한 자신감이다. 자신감이란 성공 경험을 쌓으며 자란다. 따라서 아이는 작은 성공에서 시작해서 성공 경험을 꾸준히 쌓아가는 한편 부모는 곁에서 계단 높이를 조금씩 높여 나가도록 하자. 2시간 동안 공부하기 힘들다면 공부 시간을 5분으로 잡고 시작해도 된다. 하루에 1시간이라도 상관 없다. 오늘 한 문제를 풀면 다음 날에는 두 문제를, 두 문제를 풀

면 다음 날에는 세 문제를 푸는 방식이면 된다. 이처럼 될 수 있으면 장애물을 낮춰서 자신감을 갖게 하자.

이렇게 하면 서서히 자신의 실력이 어느 정도인지, 풀 수 있는 문제와 풀 수 없는 문제의 경계가 어디인지 알게 된다. 이를 통해 '자신의 실력보다 조금 위'인 레벨(성장의 최접근영역으로, 이것을 '성장존'이라고 부른다)에 집중하면 된다.

2개월 만에 5kg이 확실히 빠진다는 보증은 없지만 2개월 만에 20km 달리기를 하게 될 가능성은 높다. 마찬가지로 확실하게 시험에 합격하거나 원하는 높은 점수를 얻게 된다는 보증은 없지만 매일 2시간씩 집중해서 공부할 수는 있게 되고 이게 쌓이면 좋은 결과는 따라온다.

할 일이 너무 많아서 앞날이 까마득하게 느껴진다면 잘게 세분해 눈속임을 하자. 문제집이 너무 두꺼워 아이가 한숨부터 쉬면 과감히 10등분 한다. 책 두께가 10분의 1로 줄어들기만 해도 갑자기 해낼 수 있을 것같이 보이는 법이다.

또 가만히 10페이지 분량만 풀게 한 뒤에 사실은 100페이지짜리 교재라는 것을 들키는 작전도 쓸 만하다. 대뜸 100페이지짜리 '덩어리'를 내보이는 것보다 10페이지가 끝난 상태에서 남은 90페이지를 보게 하는 편이 만만해 보이기 때문이다. 인간은 비율로 전체 양을 파악한다. "이미 10%나 끝냈어"라는 말을 들으면 완수할 수 있을 것 같은 기분이 든다.

시험 결과가 나쁠 때 부모가 할 일

아이가 어떤 목표를 향해 열심히 노력했을 때 드는 '하길 잘했다'라는 긍정적인 생각이 다음 행동을 위한 의욕으로 이어지도록 하자는 게 3장의 주제였다. 그렇게 해서 모의테스트에서 높은 점수를 받거나 입시시험 등에 합격하면 더할 나위 없지만 안타깝게도 그렇지 못한 것도 사실이다. 특히, 우리 학원에서 가르치는 사립 중학교 입시의 세계에서 1지망 학교에 합격하는 아이는 통계적으로 4명 중 1명 정도다. 탈락이라는 안타까운 결과를 맞는 아이가 압도적으로 많은 것이다.

입시만이 아니다. 어떤 도전에도 실패는 따라오는 것이고 도전이 없으면 성장도 성공도 없다. 그러므로 어떤 경우든 실패할 수 있음을 전제로 삼고 아이가 그것을 극복하게 해야 한다. 이때 많은 부모와 선생님이 저지르기 쉬운 잘못된 행동이 실패한 아이를 위로하는 것이다.

의외로 잘 모르는, 낙심한 아이에게 해줘야 하는 말

아이가 실패해서 낙심하고 있으면 부모 위로를 한다며 "네가 잘못해서 그렇게 된 게 아니야", "열심히 했으니까 괜찮아"라는 말을 건넨다. 하지만 의욕을 끌어낸다는 관점에서 봤을 때 이러한 위로는 실수다. 설령 아이가 정말로 열심히 노력했다고 치더라도 말이다. 보상받지 못한 노력에 대해 칭찬을 받으면 인간은 자신의 무력감을 더 강하게 의식하기 때문이다.

162쪽에서 설명한 '원인분류' 이야기를 기억해 보자. '당신의 노력에는 문제가 없었다'는 말은 바꿔 말해 '당신의 능력과 성격에 문제가 있었다'는 말이 되어 버린다. 그러니 아이의 마음을 달래주기 위해 위로와 격려를 하는 당신의 의도와는 반대로 역효과가 날 때가 많은 것이다.

아이의 의욕을 되살리는 데 필요한 것은 그 순간을 모면하기 위한 위로가 아니라 다음 목표를 이루기 위한 기회가 여전히 존재한다는 자신감(C)을 다시 품게 하는 것이다. 나쁜 결과 때문에 느끼는 상실된 자신감(C)이 의욕을 끌어내리는 가장 큰 원인이기 때문이다.

그러므로 정말 열심히 했지만 결과가 좋지 않았을 때는 위로가 아니라 개선을 위해 필요한 정보나 개선 방법을 전달해야 한다. 설령 아이가 견디기 힘든 내용일지라도 아이를 믿고 명확하게 전달해야 한다.

"공부가 아직 부족해서 그랬으니 공부 시간을 더 늘려야 해", "공부 방법이 좋지 않았다는 것이니 다른 방법을 찾아보자"라며 결과를 바꿀 수 있는 다른 방법에 대해 말해 주자. '나에게는 개선할 힘이 있다'고 아이가 깨달을 수 있게 말이다. 이때 전해줄 정보는 '행동'에 관한 구체적인 것이어야 한다.

잘못된 위로 방법
· "성적이 나쁘지만 너는 최선을 다했으니까 괜찮아."
· "네가 잘못해서 시험에 떨어진 게 아니야."

좋은 위로 방법
· "공부 시간이 부족했나봐. 다음엔 시간을 더 들여 보자."
· "문제를 푸는 방법을 다르게 바꿔 볼까?"
· "다음에는 공부하는 장소를 바꿔 보면 어떨까?"

아이는 부정적인 피드백을 자신에 대한 비판으로 받아들이기 쉽다. 잘못된 것은 공부의 양, 내용, 방법 등의 행동이지 아이의 능력, 성격이 아니다. 잘못 위로하면 아이는 자신의 능력에 문제가 있다고 여기게 된다.

수학에서 생각만큼 좋은 성적을 받지 못했을 때 "너는 수학에서 실수가 잦아"라며 부족한 능력을 지적하는 게 아니라 "수학에서의 실수를 없애기 위한 연습 방법과 분량을 나랑 함께 정하자. 이게 개선되면 점수 향상을 기대할 수 있어"처럼 구체적으로 제시하는 것이다.

이때, 비난하거나 나무라는 느낌이 들지 않게 세심하게 주의를 기울여야 한다. 말을 시작할 때는 "모의고사에서 생각지 못한 점수를 받아 얼마나 속상하니"처럼 공감하는 말을 먼저 하면 좋겠다.

구체적인 피드백의 예

□ 과제: 수학 시험에서 반복되는 실수를 없앤다.

□ 개선 방법: 연습 내용과 분량을 수정한다.

□ 목표: 점수를 30점 올린다.

이제 '위로'와 '공감하는 말'의 차이가 뭔지 알아챘는가? 위로는 말하는 사람의 평가나 기분(네가 나쁜 게 아니다, 어쩔 수 없었다)을 전달하지만 공감하는 말은 상대방의 기분에 가까이 다가

간다. '너의 기분이 어떤지 나는 알고 있다'고 전하는 것은 상대방의 능력 문제가 아니기 때문에 상대방은 무력감을 느끼지도 낙담하지도, 않는다.

실제로 모의시험의 나쁜 결과 때문에 낙담했던 우리 학생도 자신이 다음 시험까지 개선할 수 있는 부분이 얼마만큼 있는지 함께 생각해서 학습 계획을 다시 짰더니 훨씬 안정된 표정으로 인사까지 꾸벅하며 돌아간 적이 있다. 입학시험에서 불합격해서 낙심하고 있는 학생과도 이와 같은 일종의 '반성의 시간'을 갖고 있다.

개선으로 이어지는 구체적인 피드백을 명심한다

부모가 해야 할 것은 문제점 지적이 아니라 개선책을 함께 생각하는 것이다. 앞으로 몇 번이나 모의 테스트가 있고 실전인 입시시험이 있다. 몇 번의 시험을 거치면서 아이도 그 결과에 속상하고 위축될 때가 올 것이다. 그 때 필요한 것은 표면적인 위로의 말이 아니다.

정말 중요하므로 다시 한번 강조하는데, 부모가 서투르게 위로하면 아이는 '정말 열심히 노력했고 노력의 양과 방법은 나쁘지 않았는데 결국 이렇게 된 이유는 내 능력 때문'이라고 생각하게 된다. '능력이 없어서 이렇게 됐다'고 여기는 것이야말로 아이의 자신감을 떨어뜨리며 의욕을 없애 버린다.

아이의 의지가 한순간 약해져서 안 좋은 행동을 해버렸을 때는 "그래도 정신을 가다듬고 열심히 해야지!"라는 위로도 필요하다. 하지만 만족하는 결과가 나오지 않았을 때의 이런 위로는 금물이다. 그보다는 개선으로 이어질 수 있는 구체적인 피드백을 하는 게 중요하다. 꼭 기억해 주길 바란다.

정리하기

나쁜 행동을 용서하고 타이르는 것은 중요하지만 나쁜 결과는 위로하면 안 된다. 나쁜 결과를 개선할 수 있는 피드백을 해야 한다.

3장
오늘부터 실천하기

☐ 아이가 무언가에 성공했을 때 재능이 아닌 노력을 칭찬하자.

☐ 스스로 통제 가능한 노력(학습법과 학습량)에 주목해 개선하도록 돕는다.

☐ 자기 효능감을 높이기 위해 성공 경험을 꾸준히 쌓아나간다.

☐ 실패했을 때 개선책을 생각할 수 있게 지도하고, 무력감을 느끼지 않도록 돕는다.

☐ 너무 어렵지 않은, 적당한 난이도에 도전할 때 성장한다.

☐ 사소한 성취일지라도 그로 인해 생긴 좋은 결과, 성공을 알려 주자.

☐ 하루 한 문제여도 좋으니 장애물을 낮춰서 자신감을 갖게 하자.

☐ 섣부른 위로는 금물! 개선으로 이어지는 구체적인 위로를 건넨다.

4장

만족 Satisfaction

'공부해서 다행이다' 실감하게 하기

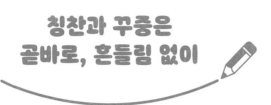

칭찬과 꾸중은
곧바로, 흔들림 없이

"우리 아이가 시험에서 좋은 점수를 받아서 많이 칭찬해 줬어요! 이번 일을 계기로 앞으로도 열심히 해주면 좋겠어요."

이것 역시 많은 부모가 저지르기 쉬운 잘못이다. 왜냐하면 이런 칭찬은 아무런 효과가 없고 아이가 공부하는 데 도움도 되지 않기 때문이다.

우리는 왜 칭찬할까? 칭찬의 목적은 무엇일까? 바로 스스로 행동에 만족감을 느끼고 좋은 행동을 반복하게 하려는 것이다. 그렇다면 혼내는 목적은 무엇인가? 바로 좋지 않은 행동을 반복하지 않도록 가르치기 위해서다. 이번에는 교육심리학에서 중요하게 여기는 칭찬하는 법과 혼내는 법의 세 가지 포인트를 소개하겠다.

행동에 주목하지 않으면 아이는 뭘 해야 할지 모른다

첫 번째 중요 포인트는 칭찬할 때도 혼낼 때도 '결과'가 아니라 '행동'에 주목해야 한다는 것이다. 보다 구체적이고 반복할 수 있기 때문이다.

아이들은 행동 목표와 결과 목표를 잘 구별하지 못할 때가 많다. 내일의 행동 목표가 무엇인지 물으면 "쪽지 시험에서 100점 맞아야지"라고 말한다. 그런데 쪽지 시험에서 100점을 맞는 건 결과 목표이다. 행동 목표는 '쪽지 시험에서 100점을 맞기 위해 이러저러한 준비를 한다'처럼 스스로 통제하는 것이고 그렇기 때문에 이후에도 지속할 수 있다.

행동 목표와 결과 목표의 차이를 모르는 아이는 행동과 결과 사이에 있는 인과관계도 충분히 이해하지 못한다. '숙제하는 방법을 개선했다. 그랬더니 성적이 올랐다', '숙제를 충실히 하지 않았다. 그래서 성적이 떨어졌다'와 같이 인과관계를 이해해야 하는데, 그것을 모른 채 단순히 '성적이 올랐다, 성적이 떨어졌다'는 결과에만 주목한다.

이처럼 행동 목표와 결과 목표를 구별하지 못하는 아이를 앞에 놓고 결과를 칭찬하거나 혼을 내면 아이는 당황한다. 앞으로 무엇을 어떻게 해야 할지 대처 방법도 세우지 못한다. 그러므로 결과의 원인이 된 행동에 초점을 맞춘 뒤 '그럼 이제는 어떤 행동을 해야 할까?'를 아이 스스로 생각하게 하자.

칭찬할 때도 혼을 낼 때도 속도가 생명

두 번째 중요 포인트는 아이에게 피드백을 빨리 주는 것이다. 며칠이 지난 뒤에 "일전에 그거 말이야. 참 잘했어"라며 칭찬해도 아이는 이미 자신의 일이라 여기지 않는다. 또, 며칠 전 일로 꾸중을 들어도 아이의 기억은 희미해서 '대체 왜 이러시나······' 하는 반발심만 일어난다.

인간과 말이 통하지 않는 수족관의 돌고래도 점프한 뒤 곧바로 먹이를 주면 재주를 배운다고 한다. 이것은 '어떤 행동을 했더니 곧바로 좋은 일이 있었고 그러면 그 행동을 다시 반복하고 싶어진다'는 본능적인 반응이다. '오퍼란트 조건부여'라고 불리는 이 반응은 그만큼 강력한 힘을 갖고 있다.

그러나 어떤 행동을 하고서 시간이 좀 지난 뒤에 좋은 일이 일어나는 경우에는 이런 반응이 일어나지 않는다. 점프한 다음 날에 먹이를 주면 돌고래는 묘기를 외우지 못한다.

그래도 인간은 인과관계를 논리적으로 이해할 수 있기 때문에 '다시 해야지'라는 생각을 하기도 하지만, 본능과 비교하면 그 힘은 세지 않다. 그러니 인과관계를 논리적으로 이해하는 힘이 미약한 어린아이라면 더욱 그렇지 않겠는가. 시간이 지날수록 '다시 해야지' 같은 생각을 하기 어려워지므로 곧바로 칭찬해야 하는 것이다. 혼내는 경우도 마찬가지다.

결과가 아닌 구체적이고 재현 가능한 행동을 칭찬해야 한다.
노력과 행동을 칭찬받아야 아이가 '좋은 행동'을 반복한다.

칭찬할 때와 혼낼 때는 좋은 일과 나쁜 일을 한 그 장소에서 "○○을 하고 있구나" 하면서 사실을 말로 표현해 확인하자. 우선은 이것만으로도 충분하다. "숙제를 하기 시작했구나", "게임을 2시간이나 했구나"라고 그 장소와 그 시각에 일어난 사실을 언어화하는 것이다. 그러면 이 행동이 좋은 것인지 나쁜 것인지 아이가 스스로 생각할 기회가 만들어진다.

일관성이 없으면 목적도 전달되지 않는다

세 번째 중요 포인트는 같은 행동에 대해서는 똑같이 대응하는 것이다. 부모도 사람이기 때문에 그때그때 기분이 변할 수 있다. 기분이 좋을 때는 다소 거슬리더라도 눈 감아주기도 하다가 기분이 나쁠 때는 절대로 허용할 수 없다고 한다. 그러나 기분에 따라 대응이 자주 바뀌는 태도는 절대로 해서는 안 된다. '기분이 좋을 때는 칭찬해 주지만 기분이 나쁠 때면 무시한다', '기분이 좋으면 응석을 받아주고 기분이 나쁘면 엄격해진다'와 같은 행동을 하면 아이가 부모의 눈치만 보게 된다. 그러면 아이가 칭찬 받거나 꾸중 들은 이유를 '○○을 했기 때문에'로 인식하는 게 아니라 '부모님의 컨디션이 좋아서 혹은 나빠서'라고 생각하게 된다. 그리고 그 당시 나눴던 대화 내용보다 부모님의 기분을 신경 쓰게 된다.

무엇이 좋아서 칭찬했는지, 또 무엇이 나빠서 혼을 냈는지 언제나 명확히 아이에게 말하고, 그 판단 기준을 매번 확인해서 일관성 있게 아이를 대하도록 하자.

다른 아이와의 경쟁이 아닌 성장을 칭찬한다

"아이의 잘한 점을 칭찬해야 효과적이다. 어려운 일도 아니고 아이 마음속에 '해서 다행이다'와 같은 긍정적 기분이 일어나게 한다. 그리고 다음 행동을 일으키는 의욕으로 발전한다. 그러므로 아이를 가능한 많이 칭찬해 주자."

주위에서 이런 말을 들어봤을 것이다. 물론 틀린 말은 아니다. 그렇다면 무엇을 칭찬하면 좋을까? 칭찬을 하려면 좋은 점이나 잘한 점을 발견하지 않으면 안 될 텐데 무엇을 좋다, 잘했다고 할 것인가에 관한 기준이 사람마다 달라 애매하다. 많은 부모는 다른 집 아이와 비교해서 우리 아이가 월등한 점을 찾아낸다. 같은 반 친구보다 성적이 좋은지 나쁜지, 아니면 형제와 비교해서 성적이 좋은지 나쁜지 비교한다. 하지만 이것은 잘못된 칭찬법이다.

왜 다른 사람과 비교해서 칭찬하면 안 될까?

아이는 다른 아이와 비교되면 눈앞의 결과를 타고난 능력과 관련지어 생각한다. 좋은 공부법으로 노력한다고 해서 반드시 이긴다고 단정할 수 없기 때문이다. 아이가 필사적으로 노력해도 상대가 그 이상 노력하면 질 수도 있다. 반대로 아이가 크게 노력을 하지 않더라도 상대방이 공부를 게을리했거나 실수를 하면 이길 수도 있다. 즉, 노력과 결과는 반드시 연동되는 게 아니다. 이 말은 공부법에도 동일하다. 좋은 공부법을 적용해도 그 아이를 이긴다고 단정할 수 없다.

그러므로 다른 사람과 비교해서 평가해 버리면 좋은 결과(나쁜 결과)의 원인은 노력이나 공부법 등에 있는 게 아니라 갖고 태어난 능력에 있다고 생각하게 된다. '열심히 해도 어차피 안 될 거야'라든가 '나는 머리가 좋기 때문에 성적도 좋은 거야'라고 말이다. 그러다 결국 노력이나 공부법을 경시하게 된다.

아이가 목표를 향해 노력하길 바라는가? 아이가 좋은 공부법을 바탕으로 열심히 하길 바라는가? 그렇다면, 자신이 결과를 바꿀 수 있다는 것을 가르치자.

아이의 성장을 칭찬한다

여기서 권하고 싶은 것이 아이의 성장한 부분을 칭찬하는 것이다. 다른 아이와의 비교가 아니라 과거와 현재 모습을 비교한 뒤 이제는 할 수 있게 된 부분을 칭찬하면 된다. 비교 상대가 다른 아이라면 노력을 해도 이긴다는 보장을 할 수 없지만, 과거의 자신은 노력하면 분명히 이길 수 있다. 그리고 노력하는 방법이 좋다면 성장은 보다 빨리 이루어질 것이다.

나쁜 칭찬
· 너는 형제 중에서 가장 잘하는 아이야.

좋은 칭찬
· 학원에 다니면서 정말 많이 좋아졌구나. 공부에 대한
　자세도 많이 변했고 말이야. 게다가 풀 수 있는 문제가
　이렇게 늘어나고 있네!

우리도 학생을 칭찬할 때는 이전보다 성장한 부분을 찾아서 칭찬하고 있다. 여러분도 아이의 성장한 부분을 집중해서 찾아보길 바란다.

정리하기

다른 아이와 비교하지 않는다. 특히 형제간 비교는 더 주의하자.
과거와 비교해서 아이가 잘 할 수 있게 된 점을 칭찬하자.

진심 어린 칭찬이 아니면 오히려 역효과

이번에는 가정에서 흔히 저지르는 또 하나의 실수에 대해 말하고 싶다. 그것은 마음에도 없는 칭찬의 말 때문에 오히려 아이의 열정이 차갑게 식어 버리는 것이다.

직장 상사가 부하 직원의 환심을 사려고 눈에 뻔히 보이는 억지 칭찬을 하면 부하 직원은 황당하다. 이러한 경험은 누구에게나 있을 것 같은데, 상사를 선생님이나 남편, 아내로 바꿔도 상관없다. 그런 일을 겪었을 때 어떤 기분이었는지 회상해 보면, 내 아이가 어떤 기분일지 충분히 이해될 것이다. 그리고 그런 기분을 느끼게 하고 싶지 않을 것이다.

부모 자신의 마음가짐부터 바꾼다

아이들은 부모의 태도를 유심히 살핀다. 특히, 몇몇 아이는 다른 아이보다 관찰력이 날카롭다. 뭔가 다른 걸 바라고 아이를 칭찬하면 대부분 금방 알아차린다. 그러고는 어른의 말을 받아들이지 않는다.

또한, 과한 표정과 말도 조심하는 게 좋다. 목적을 감춘 칭찬은 사소한 행동을 과장하게 만든다. 그러면 아이가 '나를 야유하고 있다', '나를 바보로 취급하고 있다'고 받아들이는 경우가 있기 때문에 주의해야 한다.

본심은 상대방에게 전해진다. '어떻게 하면 본심을 감추고 칭찬해서 결국 내 의도대로 움직이게 할 것인가' 같은 건 생각조차 해서는 안 된다. 아이에게 마음에서 우러나오는 칭찬의 말을 하려면 아이의 성장을 있는 그대로 기뻐하면 된다.

아이가 태어나서 2살 무렵까지 있었던 일들을 가만히 생각해 보자. 아이가 태어났을 때 어떤 기분이었나. 그때 제일 먼저 든 생각이 '다른 아이보다 우수하면 좋겠다'는 아니었을 것이다. 엉금엉금 기기 시작했을 때, 벽을 붙잡고 일어서려 할 때, 아이가 그 조그만 발로 걷기 시작한 순간을 기억해 보자. "엄마", "아빠"라고 말하기 시작했을 때는 어땠나. '인간은 때가 되면 서고 걷는다', '때가 되면 누구나 다 말할 수 있게 된다'고 생각하지는 않았

내 아이가 2살일 때 느꼈던 감정 그대로 칭찬한다.
아이의 작은 성장에도 마음껏 기쁨을 표현하자.

을 것이다.

다른 아이보다 내 아이가 빠르다거나 느리다고 비교한 적이 있는가? 때가 되면 다 하기 마련이라고 생각한 적이 있는가? 어제까지는 잘하지 못했는데 지금은 할 수 있게 된 우리 아이의 성장을 정말로 순수한 마음으로 기뻐하지 않았나?

부모는 아이의 모든 것을 사랑하고 아이의 성장을 진심으로 기뻐하는 사람이라고 생각한다. 아이의 공부에 대해서도 그때와 같은 마음으로 대하면 된다. 그때와 지금을 구분할 이유가 전혀 없지 않은가.

그때 아이는 겨우 한마디의 말을 하려고, 단지 한 발자국을 떼려고 그렇게 많은 시간이 걸렸다. 지금의 아이는 매일같이 새로운 말을 배우고, 몰랐던 것을 알아간다. 어제는 하지 못했지만, 오늘은 잘할 수 있다. 아이는 하루가 다르게 성장하고 있기 때문에 정신을 똑바로 차리지 않으면 하나도 알아보지 못하고 결국 둔감해지고 만다. 아이가 성장하고 있는 부분을 의식적으로 찾고 기뻐할 수 있도록 여러분 자신을 되돌아보면 좋겠다.

기분 좋게 말을 거는 비결 3단계
다음 3단계를 잘 기억해서 아이에게 칭찬의 말을 건네자.

1. 칭찬하고 싶은 점에 관해서 아이에게 객관적인 사실을 전달한다. 그 내용이 '성장한 점', '공부나 연습처럼 성장으로 이어진 행동'이라면 매우 좋다.

2. 그것에 대한 부모의 주관적인 의견이나 감상, 인상을 덧붙여 이야기한다.

3. 마지막으로 아이의 좋은 점을 진심 어린 마음으로 칭찬하고 감사의 말을 전한다.

좋은 말하기 예
· 이번 테스트를 보니까 예전에 어려워했던 속도와 비례, 지렛대 문제를 풀었던데?(성장)
· 매일 꾸준히 오답 정리를 한 덕분이야(행동).
· 계획을 세우고 실천한 게 이번 성과로 확실히 증명된 것 같지? 이렇게 계속 공부하면 반드시 성적이 오를 거 같아서 엄마도 얼마나 기뻤는지 몰라(감상). 잘 못한다고 도망가지 않고 도전하는 게 너의 좋은 점이야(좋은 점).
· 열심히 하는 모습을 볼 수 있어서 기뻤어. 고맙다(감사).

나쁜 말하기 예
· 이번 테스트는 꽤 열심히 했구나. 감탄했어.

생각을 너무 많이 하면 오히려 어색해진다. 단지 '사실 전달 →
감사하기' 순서로 말해도 충분하다. 조금씩 익숙해질 테니 오늘
부터 시작하자.

정리하기

마음에서 우러나오는 칭찬에서 아이는 힘을 얻는다. 아이의 성장
을 진심으로 기뻐하자.

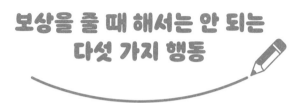

보상을 줄 때 해서는 안 되는 다섯 가지 행동

'보상으로 아이의 마음을 달래가며 공부 시켜도 괜찮을까…….'
많은 부모가 이런 고민을 한다. '보상이 주어지지 않는다고 공부
를 안 하는 아이가 되면 어떡하지?'하는 불안 때문이다. 여부없이
그러한 불안 섞인 말도 어느 정도는 맞는 말이다.

> **부모** : "이번 테스트에서 좋은 점수가 나오면 갖고 싶어했던
> 그걸 사줄게."
> **아이** : "야호! 그럼 열심히 할게요!"

보상을 주어서 시험 준비를 열심히 했고, 이번 일을 계기로 공
부하는 습관도 들지 않았을까 생각했겠지만 착각이다. 보상을 얻

은 뒤엔 원점으로 돌아왔다는 이야기가 흘러넘친다.

잘못된 방법을 쓰면 보상 작전은 실패하기 쉽다. 지금부터 설명할 '보상 사용 설명서'를 참고하여 아이의 의욕을 훌륭하게 이끌어내길 바란다. 성공적인 보상 작전을 위해 기억해야 할 다섯 가지 행동부터 살펴보겠다.

첫째, 목표에 방해가 되지 않는 보상을 한다.

둘째, 작은 보상부터 시작한다.

셋째, 보상은 눈앞에 가까이 두어야 한다.

넷째, 보상은 여러번 한다.

다섯째, 처음부터 보상을 붙이지 않는다.

첫째, 목표에 방해가 되지 않는 보상을 한다

"다이어트에 성공하면 나에게 주는 보상으로 케이크 뷔페에 갈 거야!" 이런 말을 하는 친구가 있으면 여러분은 어떤 생각이 들까? '그럴 거면 뭐하러 다이어트를 해?'라는 생각이 들진 않을까?

이것과 비슷한 행동을 하는 부모가 많다. 공부를 열심히 한 보상으로 게임기나 스마트폰을 사 주는 행동 말이다. 게임기나 스마트폰을 사 주면 예외 없이 공부 시간이 줄어든다. '게임은 하루 1시간만 한다고 약속하면 되는 거 아닌가?'라고 생각할지 모르나 대부분의 아이는 그 약속을 지키지 못한다. 약속을 지킬 수 있는 아이였다면 보상이 없어도 제대로 공부했을 것이다. 눈앞에 놓인 유혹에 넘어가서 공부를 게을리하던 아이였기 때문에 보상이 필요했다는 사실을 잊지 말아야 한다.

'목표를 달성하면 어디 놀러 가자(한 번만 가는 거니까 괜찮아)', '맛있는 거 먹으러 가자(저녁 먹으며 아이가 좋아하는 음식을 따로 주문할 수 있으니까 좋다)'처럼, 다음 목표에 방해가 되지 않는 보상을 주자.

둘째, 작은 보상부터 시작한다

게임기, 유행하는 스니커즈처럼 큰 보상이 아니면 아이가 행동하지 않을 거라고 생각하는 사람이 많다. 그런데 아이를 매번 커다란 먹이로 낚으려다가는 어른이 먼저 포기하고 만다. 때마다 그런 큰 물건을 사 줄 수는 없기 때문이다. 부모가 "이제 보상을 주기 힘들어"라 하면 아이는 "보상이 없으니까 이제 공부 더 안 할래요"라고 하는 상황이 되어 버린다. 이런 상황은 꼭 피했으면 한다.

따라서 보상은 작은 것으로 했으면 좋겠다. 예쁜 스티커 한 장이나 과자 한 봉지도 아이에게는 충분하다. 고가인 물건부터 시작해서 점점 가격을 높여 가다가 결국 포기하느니 작고 저렴한 것에서 보상 수준을 조금씩 올려 가자.

셋째, 보상은 눈앞에 가까이 두어야 한다

성인은 미래의 성공을 위해 '꿈은 크게, 장애물도 높게'라는 방식을 선택한다지만 아이에겐 그런 말 자체가 무의미하다. 그 이유는 큰 보상을 받기 위해 이전부터 열심히 해온 아이라면 애초에 보상 작전 자체가 필요 없는 아이였다는 뜻이기 때문이다. 성공 경험도 아직 충분치 않은 아이에게 미래를 위해 참고 열심히 노력하라는 구호는 그저 그림에 그려진 떡과 같다.

눈앞에 있는 것만 열심히 할 수 있는 아이를 올바른 방향으로 인도하기 위해 쓰는 것이 보상 작전의 본질이다. 마치 강아지를 산책시킬 때 '올바른 방향은 이쪽이야!'라며 작은 간식을 보이며 데리고 가듯 말이다. 보상은 멀리 두지 말고 바로 눈앞에 놓자.

한편, 장애물이 너무 낮은 것은 문제가 되지 않는다. 오히려 작더라도 성공 경험을 꾸준히 쌓을 수 있으므로 더 좋다. 성공 횟수가 늘어도 대처할 수 있도록 1회당 보상은 작게 하자.

넷째, 보상은 여러 번 한다

보상 작전의 최종 목적지는 보상 없이도 행동할 수 있게 만드는 것이다. 그렇다고 해서 보상을 필요한 만큼, 최소한으로 끝내자며 1회로 한정하면 의미가 없어진다. 보상이 없어도 행동할 수 있는 상태는 '해본 결과 보상 이외에도 할 가치가 있었다', '반복해서 했더니 이제는 하는 게 당연하다'를 아이가 스스로 느끼는 상태다.

아이가 보상 이외의 할 이유를 발견할 때까지는 쉽게 그만두면 안 된다. 횟수를 여러 번 반복해서, 하는 게 당연한 상황을 만들어야 한다. 우리 학원에서는 숙제나 학습 기록을 빠뜨리지 않고 제대로 하면 포인트를 받아서 과자나 문구로 교환할 수 있게 했다. 4학년까지는 과자를 받고 싶어서 학습했던 아이도 서서히 과자에 흥미를 잃게 되었다. 실험 삼아 6학년 하반기에 숙제 확인을 할 때 의도적으로 과자 포인트로 전환을 하지 않은 시기가 있었는데, 아이들은 불평 한마디 없이 숙제를 착실히 해 왔다. 제대로만 진행되면 아이들은 보상을 받으려는 목적에서 탈피해 서서히 성숙해진다.

다섯째, 처음부터 보상을 붙이지 않는다

열심히 공부하는 아이를 보면 그 모습이 기특해서 보상을 주고 싶어진다. 그런데 이럴 때 주의가 필요하다. 보상을 주는 탓에 오히려 의욕을 잃게 만드는 경우가 있기 때문이다. 재미있어서 자발적으로 하는 일도 보상이 주어지면 재미가 싹 사라지는 것이다. 이것을 심리학에서는 언더마이닝 효과Undermining Effect라고 부른다.

미국의 심리학자 에드워드 데시Edward L. Deci가 다음과 같은 실험을 통해 언더마이닝 효과를 확인했다. 학생을 두 그룹으로 나눈 뒤 한쪽 그룹은 퍼즐을 풀면 상금을 주기로 하고 다른 한쪽 그룹은 상금 없이 풀게 했다.

30분 동안 오로지 퍼즐만 풀게 한 뒤, 실험자는 데이터 입력을 하러 간다는 핑계를 대고 실험실에서 나갔고 학생들은 휴식 시간을 갖게 됐다. 사실, 이 휴식 시간이 바로 실험의 핵심이었는데, 이때 학생들의 행동을 관찰하는 것이다.

실험자가 없기 때문에 휴식 시간에는 퍼즐을 풀어도 보수를 받지 못한다. 그러자 원래부터 보수가 없는 그룹은 딱히 다른 할 일이 없어서 계속 퍼즐을 풀며 시간을 보내거나 즐기는 학생이 많았던 반면, 보상이 제시된 그룹은 보상이 계산되지 않는 휴식 시간에는 퍼즐을 풀려 하지 않았다. 이처럼 보수가 없어도 할 수 있는 일에 보수가 붙으면 그것이 없어졌을 때 하려는 의욕까지 함께 사라진다.

이런 언더마이닝 효과는 두 가지 조건이 맞았을 때 일어난다. 하나는 사전에 보상이 예고된 경우이고 다른 하나는 물질적인 보상이었던 경우다.

그러므로 공부를 열심히 하는 아이에게 '다음 테스트에서도 열심히 하면 보상을 줄게'라고 하면 안 되지만, '일전의 테스트에서 열심히 했으니까 지금 보상을 줄게'는 괜찮다. 또, 보상의 내용이 돈이나 물건이 아니라 칭찬의 말 같은 것이면 언더마이닝 효과는 일어나지 않는다.

열심히 하는 아이에게 보상을 주고 싶어지면 '다음 성적이 좋으면'이라는 사전 조건을 달지 말고 바로 그 자리에서 주자. 보상 작전에 실패하지 않기 위해 꼭 기억하자.

정리하기

작은 보상을 자주 마련한다. 목표 달성을 방해하는 장애물은 가능한 한 수준을 낮춘다. 장애물 수준을 높이려면 아주 서서히 높인다. 물건이 아니라 '칭찬의 말'을 보상으로 주는 것도 좋다.

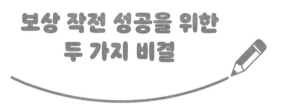

보상 작전 성공을 위한 두 가지 비결

보상 작전은 미국 행동주의 심리학자 버러스 프레더릭 스키너 Burrhus Frederick Skinner가 한 오퍼런트 조건부여 실험에서 발전했다. 오퍼런트 조건부여 실험이란, 보상이나 벌에 적응해서 자발적으로 행동을 하도록 학습시키는 것이다. 이 실험에서 찾아낸, 보상 작전 성공을 위한 비결 두 가지를 살펴보겠다.

첫째, 보상의 성격을 무작위로 정한다

실험 상자 속 동물이 '레버를 누르면 먹이가 나온다'는 조건 상황에서 레버를 누르는 것을 학습하는지 관찰했다. 이때 '레버를 누른다'는 행동과 '먹이가 나온다' 결과 사이 관계를 다양하게 설정했다.

A. 일정 횟수를 누르면 반드시 나온다.

예를 들면, 10회 누르면 먹이가 나온다.

B. 레버를 무작위 횟수로 누르면 나온다.

2회 눌렀더니 먹이가 나올 때가 있는가 하면 40회나 눌러야 나올 때도 있다.

C. 일정 시간이 지나고 나서 다시 레버를 누르면 먹이가 나온다.

30초가 지나고 누르면 나오지만 30초가 지나지 않으면 아무리 눌러도 나오지 않는다.

D. 무작위 시간 경과로 나오게 된다.

시간이 얼마나 지나야 다음 먹이가 나오는지 매번 바뀐다.

이렇게 네 가지로 설정된 레버 중에서 동물은 어느 것을 가장 많이 눌렀을까? 정답은 B이다. A나 C처럼 간격이 정해진 설정이면 먹이가 나온 뒤에 일정 시간을 쉰다. 반면에 B나 D처럼 무작위적 성격이 있는 설정일 땐 먹이가 나온 후에도 쉴 수 없다. 설령 곧바로 먹이가 나오지 않더라도 누르는 행동을 멈추긴 힘들다.

이해를 돕기 위해 우리가 자주 찾는 스타벅스 쿠폰을 예로 들어 설명해 보겠다. 스타벅스는 회원이 별 포인트 12개를 적립할 때마다 무료 음료 쿠폰을 고객에게 준다. 이것은 '레버와 먹이의 실험'에서 말한 A이다. 별 포인트가 11개 쌓여서 '이제 라테 한 잔만 더 마시면 무료 음료 쿠폰을 받을 수 있다'라는 상황이 되면 당장이라도 사러 나갈 테지만 무료 음료 쿠폰을 받아서 포인트 적립이 초기화된 직후에는 발걸음이 뜸해진다.

그런데 포인트를 적립할 때마다 무작위 확률로 무료 음료 쿠폰이 나온다면 어떨까. 이게 바로 '레버와 먹이의 실험'에서의 B에 해당한다. 내 경우, 일주일 동안 무료 쿠폰을 2장이나 받은 경험이 있었는데 그 이후에 스타벅스에 가는 빈도가 크게 늘었다. 이러한 무작위 보상은 공부에도 적용해볼 수 있다.

우리 학원에서는 보상에 '당첨'까지 되면 주는 특별한 과자를 준비해 놓고 있는데 때때로 '당첨'이 나오면 교실이 좀 소란해지기도 한다. 아이들은 '다음엔 내가 당첨 될 수도 있어' 하며 포인트를 받기 위해 무조건 숙제를 해 온다. 원래의 포인트를 받는 기회를 빠뜨리지 않고 쌓아야 운 좋게 '당첨'이 될 수 있기 때문이다.

내가 담당했던 개별 지도에서도 이런 보상 방식을 이용했는데 너무나 잘 진행됐다. '매일 아침 공부하는 게 괴로워서 그만하고 싶다'는 학생에게 평일 동안 아침 공부를 완수하면 주사위를 던져서 나온 숫자만큼 경품을 주겠다는 약속을 한 적이 있다. 이것만으로도 아이의 아침 공부 빈도가 높아졌다.

그런데 여기에는 주의할 점이 있다. 하루라도 아침 공부를 하지 않으면 경품을 위한 주사위를 던질 수 있는 기회마저 사라지는 규칙이 있을 경우다. 즉, 월요일에 갑자기 아침 공부를 하지 못해 경품이 사라지고 모든 것이 원점이 되어 버리면 화요일부터는 열심히 할 이유가 없다고 느낀다. 무기력해지는 것이다. 그래서 '하루 쉴 때마다 주사위에서 나온 숫자에서 하나씩 빼는 것으로 한다'는 규칙을 적용했더니 하루 못 했다고 마음이 흔들리지 않게 되었다. 꼭 참고해 주길 바란다.

둘째, 보상은 스스로 정한다

여기까지 읽었는데도 여전히 '아이를 먹이 같은 보상으로 제어하고 있는 느낌' 때문에 위화감을 느끼는 사람도 있지 않을까 싶다. 실제로 '보상 지향'은 가장 외적인 동기 유발로 분류되고 있고, 억지로 시키고 있다는 느낌이 강한 것도 사실이다. 그러나 이것은 어디까지나 시작 단계의 전략이다.

두 번째 비결은 '먹이로 제어되고 있다는 느낌'을 바꿔나가는 방법이다. 다시 말해 '스스로에게 보상을 주는 작전'이다. 여러분도 '다이어트에 성공하면 이 옷을 살 거다'라는 보상을 설정한 적이 있지 않을까. 나는 일을 하면서 설정한 목표를 달성하면 취미에 돈을 써도 된다고 생각한다. 그래야 '스스로 하고 있다'는 자율성을 만끽하고 즐길 수 있기 때문이다. 무엇을 보상으로 받을지 아이가 직접 고르게 해보자. 단, 갑자기 고르게 했다가 지금까지 설명한 잘못된 보상을 고를 수 있으니까 조심해야 한다. 또 아래처럼 올바르게 보상을 설정하는 방법을 궁리해 주길 바란다.

- '언제까지, 무엇을, 어느 정도 했는지'라는 목표 달성 조건은 승률 80% 정도로 한다.
- '이것과 저것 중 어느 것이 좋은지', '이것과 비슷한 정도의 예산에서 생각해보기'처럼 보상 내용을 정해진 범위 안에서 생각하게 한다.

보상만이 아니라 벌칙도 스스로 설정할 수 있으면 좋겠다. "내가 공부할 시간을 못 지키고 게임을 계속하면, 내가 성질을 내더라도 게임기를 가져가세요"라고 어머니와 약속을 한 학생이 있었다. '설마 내가 그거 하나 조절하지 못할까' 하는 마음은 누구나 가질 수 있다. 그러나 이 학생이 특별한 점은 바로 '게임을 하고 있을 때는 나 스스로 그만두겠다는 판단조차 하기 어려웠다'라는 객관적인 자기인식이 되어 있었기 때문에 어머니께 도움을 요청했고 저런 식으로 단단한 약속을 했다는 것이다. 정말 대단한 학생이라고 생각한다.

정리하기

보상에 무작위적 성격을 섞는다. 보상을 스스로 결정하게 하는 것에서부터 아이의 주체성이 자란다.

성과가 나오지 않는 아이에게
화내지 않는 기술

부모도 인간이기 때문에 기대했던 성과가 나오지 않는 아이에게 화가 날 수 있다. 가까운 사람일수록 쉽게 감정적으로 대하기 때문에 우리처럼 교육에 종사하는 사람도 자신의 아이만큼은 차분하게 대하는 게 어렵다. 여기서는 여러분에게 도움이 되는 화내지 않는 기술, 분노 다스리기Anger Management 방법 네 가지를 소개하겠다.

첫째, 일단 6초를 기다린다

화는 115쪽에서 했던 설명처럼 1층 뇌가 반응하는 것이라는 사실을 다시 떠올려보자. 아이가 1층 뇌의 반응으로 저질러 버린 행동에 대해 성인도 1층 뇌의 반응으로 화를 내면 그곳은 야생

정글이 되고 만다. 뜨겁고 재빠른 1층 뇌 대신에 차갑고 느린 2층 뇌를 사용해야 한다.

그래서 제안하고 싶은 방법이 1층 뇌에 완전히 지배되기 전, 2층 뇌가 가동될 때까지의 시간을 벌기 위해 머릿속으로 6초를 세는 것이다. 6초는 짧은 시간이 아니다. 그렇다고 빨리 세면 소용이 없다. 6초를 제대로 세려면 '1001(천 일), 1002(천 이), 1003(천 삼), 1004(천 사), 1005(천 오), 1006(천 육)'을 발음하면 비교적 정확하다. 실제로 발음해 보길 바란다.

또 화에 지배당할 것 같을 때는 반드시 마음속으로 외치는 '마법의 주문'을 정해 둔다거나 좋아하는 노래의 후렴구를 불러보는 것도 좋다. 어쨌든 시간을 벌자는 뜻이다.

'지금 당장 내 말을 듣게 해야 해!', '지금 당장 대처하지 않으면 큰일 나!'라는 1층 뇌의 외침에 동조하지 말고 참길 바란다. 당장 대처해야 하는 순간은 선로에 떨어진다거나, 차도로 뛰어들려 하는 등 신체의 위험에 관련될 때 뿐이다. 숙제를 잊어도, 물건을 잃어버려도, 평균점수가 떨어져도 생명에 지장은 없다. 6초 늦어져도 큰일 나지 않는 일은 기다리자.

둘째, 사실을 말로 설명해본다

여기서부터는 2층 뇌가 움직인다. 천천히 2층 뇌를 써서 상황을 냉정하게 관찰하자. 2층 뇌는 언어로 설명하는 뇌이므로 상황

① 일단 6초만 참고 기다린다.　　② 사실을 말로 꺼낸다.

부모가 자아를 잃고 화를 내면 나중에 후회만 생길 뿐이다.
아이의 상황이 아닌, 내 감정과 상황에 집중해 보자.

이나 사실을 언어로 확인하자. 가장 먼저, 아이에 대해서가 아니라 부모 자신의 상황을 말로 해보는 것이다. 부모가 자아를 잃고 화를 내면 나중에 '내가 너무 심했구나' 하며 후회할 뿐이다. 그러니 부모인 내가 지금 어떤 상태인지 언어로 설명하는 것이다.

천장에서 관찰한다면 과연 나는 어떻게 보일까 생각해 보고 말로 꺼내자. '내가 서랍에 손가락을 다쳤는데 아파서 쩔쩔매고 있다', '나는 숙제를 하지 않는 아이에게 화가 나 있다'라고 언어로 정리해 보자. 차분하고 냉정한 대응을 하려면 자신의 상황을 객관화할 수 있어야 한다.

셋째, '화는 감정이 아니다'라고 의식한다

화는 2차 감정이다. 화는 어디까지나 감정의 온도가 상승해 뜨거울 뿐, 그 뒷면에는 본래의 1차 감정(슬픔, 실망, 초조, 희망)이 담겨 있다. 그 본래의 감정을 말해 보자.

- 아이에게 "숙제를 하면 좋겠다"라고 말했는데 하지 않아서 슬프다.
- 아이가 숙제하는 모습을 자주 볼 수 없어서 불안하다.
- 아이 시험 성적이 나빠서 초조하다.
- 내가 이렇게 안절부절못하는데 아이는 너무 태평해서 내가 더 초조해진다.

· 조금만 더 열심히 하면 좋은 결과가 나올 것 같은데 아이가
  안 해서 실망이다.

위 내용은 모두 감상문 작성 원칙인 '사실에 감상을 더해 적는다'를 실천하고 있다. '화났어!', '지금 나는 무척 화가 나 있어!'를 전달하는 게 아니라 위와 같이 사실을 인식하고 그로 인한 감정을 전달해야 한다.

이럴 때 주어는 '나'로 해야 한다. '나는 이 일에 대해서 이렇게 생각하고 있고, 이렇게 느끼고 있다'라는 메시지로 말하는 것이다. '너는 왜 숙제를 안 하는 거야!', '네가 빨리 해!'는 주어가 상대방이다. 주어를 아이로 하면 비난과 지시, 설교라는 고압적인 발언이 되고 만다.

그러면 아이가 받아들이지 않을 테고 결국 근본적인 문제는 그대로인 채 매번 같은 말만 반복하지 않겠는가. 아이와의 대화에서는 '나 전달법'을 써서 서로 상처를 주고받는 말을 하지 않도록 주의하자.

넷째, 기록을 해서 비교한다

자기객관화를 위한 최고의 방법은 기록이다. 감정은 임기응변으로도 움직이는 것이다. 그렇기 때문에 같은 일에 대해서도 그때의 기분이 좋고 나쁨에 따라 그냥 넘어간다거나 지나치게 화를

③ '화는 감정이 아니다'라고 인식한다.

④ 기록을 해서 비교한다.

'마음 온도계'를 만들어 화를 기록하면 자기객관화가 된다.
아이와의 대화에서 상처를 주는 말을 하지 않도록 주의하자.

낸다거나 하는 것이다.

과거에 화냈던 경험을 떠올린 뒤 10단계로 평가해 보자. '마음 온도계의 기준을 만드는 작업'을 하자는 뜻이다. 그리고 생활하면서 화가 났거나 아이를 혼냈을 때마다 '몇 도에서 화가 났는가'와 '원래는 몇 도였어야 했는가'를 기록해 나가자.

'그때의 나는 이렇게 판단했다'라는 과거에 대한 가설사고력은 2층 뇌가 하는 일이다. 이렇게 침착하고 냉정한 2층 뇌에서 대처할 수 있게 훈련해야 한다.

데이터가 상당히 축적되면 자신이 무엇에 특히 더 화를 내는지 그 경향도 알 수 있게 된다. 이와 같은 자기 자신에 대한 '마음의 감독(메타인지)'이 아이에게도 있으면 정말 좋겠다. 여러분도 평소에 이 점을 인식하고 아이를 대하자.

정리하기

적당한 시간을 두고 마음을 침착하게 진정시킨 뒤 현재 무슨 일이 일어나고 있는지 그 사실을 언어로 확인한다. 화를 객관화하기 위해 데이터로 기록한다.

잘 가, 완벽주의!
어서 와, 최선주의

앞에서는 화가 났을 때의 대처법과 침착하게 대응하기 위한 방법을 살펴봤다. 지금부터는 대체 화는 어디서 생기는지 그 원인을 들여다보자.

부모 마음속의 당연함을 의심해 본다

화의 원인은 무엇일까? 제멋대로 구는 아이일까, 숙제를 하지 않는 아이일까? 모두 아니다. 화의 원인은 '이렇게 하는 것이 당연하다'는 부모의 완벽주의에 있다. 완벽주의가 강하면 이상과 현실의 차이가 더욱 두드러져 보인다.

개별적인 실패인데도 '이 정도는 할줄 아는 게 당연한데 왜 못해!'라고 생각하거나 다른 집 아이와 비교해서 '다른 아이들은 다

하는 것을 우리 아이만 못해'라고 생각한다면, 여러분도 이미 완벽주의자가 되어 있는 것이다.

일단 그 완벽함과 당연함의 기준을 의심해 보자. 아이는 부모의 기준이 어느 정도인지 당연히 모른다. 그런데 부모 역시 자신의 기준이 어느 정도인지 자각조차 못 하고 있다. 부모도 자각하지 못하는 기준을 원래부터 아무것도 모르는 아이에게 맞추려 하기 때문에 문제가 발생하는 것이다. 따라서 여기서 제안하는 방법은 아이의 시점에서 바라보는 연습이기도 하다. 최근에 아이에게 느낀 화나 초조함을 회상해 보자. 그 이면에 있는 '어른의 상식'이 무엇인지 찾아보려 한다.

예를 들면, 학원 숙제를 좀처럼 다 하지 못하는 아이에게 계속 화가 나는 상황이라고 하자. 아이가 매일 가는 학교를 직장이라 하면 학습을 위한 학원은 부업이다. 숙제는 '집에까지 들고 온 재택업무'다. 이 세 가지를 포함해 학교나 학원에 머무는 시간을 계산한 뒤 노동기준법과 비교해 보자.

이러한 예를 보고 나니 어떤 마음이 드는가? '숙제는 하고 싶지 않아도 해야 하고, 학교나 학원은 가기 싫어도 가야 하는 게 당연하다. 그렇게 하면 성적이 오르는 보람도 있을 테니 말이다'라고 반론하고 싶겠지만, 한편으론 블랙 기업의 '이렇게 일하는 게 당연하다'는 주장이 떠오른다.

아이가 다른 것들은 물론이고 학원 숙제도 잘할 수 있다는 말은 바꿔 말하면, 스스로 즐거움을 느끼고 자신이 하고 싶어서 열심히 노력하는 선택을 했다는 뜻이며, 이는 정말로 대단한 것이다. 그런데 이를 두고 '하는 게 당연하니까'라거나 '학생의 의무니까'라고 말한다면, '급여를 지불하고 있으니까 이렇게 일하는 게 당연'하다는 블랙 기업과 무엇이 다른가.

완벽주의가 아이와 가정을 망가뜨린다

완벽주의가 아이와 가정을 망가뜨린다. '반에서 1등을 하지 못하면 공부를 열심히 한 의미가 없다', '나중에 세 손가락에 들어가는 학교에 반드시 합격해야 한다'처럼 당연하다고 여기는 것과 현실의 차이가 문제를 일으킨다.

우리는 학부모들에게 '진정한 실패는 낮은 성적이나 시험에서의 불합격이 아니라 부모와 자식 관계에 상처가 생기는 것이다. 진정한 성공은 나중에 돌아봤을 때 그때 열심히 해보길 잘했다고 서로가 웃는 얼굴로 말할 수 있다는 것이다'고 조언한다.

완벽주의가 강한 아이는 실패가 두려워서 도전하지 않게 된다. 벌써 여러 번 말했지만, 아이의 수준에 맞는 난이도는 그 능력보다 한 단계 정도 위를 뜻한다. 따라서 과제를 하다가 문제를 틀릴 수도 있고, 만약 틀리면 그걸 고쳐나가면 되는데, 틀리는 게 두려워서 간단한 것만 하려 한다거나 실패 한 번에 포기하려 든다.

이런 완벽주의는 부모나 주변의 친구로부터 영향받은 것이다. 완벽주의인 부모가 '왜 그런 실패를 한 거니?'라고 물을 때는 그 안에 낙담과 비난, 그리고 '이런 것도 못 하는 모자란 아이'라는 메시지가 담겨 있다.

아이는 이러한 낙인이 두렵다. 그래서 자신이 모자란 아이로 보이는 경우를 부모에게 감추려 한다. 시험 결과를 감추는 정도라면 아직은 괜찮다 쳐도 커닝을 하는 경우까지 있다. 쉽게 하기 위해서가 아니라 부모님의 나쁜 평가가 두렵기 때문인 경우가 얼마나 많은지…….

이런 완벽주의의 반대쪽에 있는 것이 최선주의다. 최선주의 관점에서 바라보면, 아이의 성적이나 행동에 대해 언제나 침착하게 마주 설 수 있다.

완벽주의 : 이상과 현실의 차이에 집중한다. '반드시 이렇게 해야 한다!'

최선주의 : 현상은 현상으로 언제나 인정한다. '그럼 이제부터 어떻게 하면 될까?'

최선주의 부모는 아이나 부모 자신의 실패에 대해 호기심을 갖고 연구하려 한다. '이번에 실패를 한 원인은 무엇일까? 무엇을 모르고 있는 걸까?'라는 순수한 호기심으로 알려고 한다.

내가 예전부터 담임을 맡은 어느 학생과의 에피소드를 소개하겠다. 이 학생과 나는 매일 하는 아침 공부에 관한 약속을 했다. 그런데 어느 날 "아침 공부하는 거, 너무 힘들어요. 안 할래요"라고 하는 것이다. 시험이 코앞에 다가왔던 시기라 컨디션을 시험 시간에 맞추기 위해 아침형 인간으로 만들어야 했는데 힘들어서 안 한다니 대체 무슨 의미인가? 순간 솟아오르는 화를 꾹 누르고 일단 집으로 돌려보냈다. 그리고 학부모와 통화를 했더니 아이가 최근 불면증 때문에 고생하고 있어서 아침에 일어나지 못하는 상황이고 본인도 어떻게 해보려 하지만 잘 안 돼서 고민 중이라는 것이다.

만일 내가 "무슨 소리야? 시험 기간인데 아침 공부는 당연하지! 왜 그렇게 대충하려고 그러는데?"라며 혼을 냈으면 이런 정보를 들을 수 없었을 뿐 아니라 학생과의 신뢰 관계가 깨졌을 것이다. 당분간 아침 공부를 쉬기로 했더니 불면증도 서서히 없어져서 시험도 잘 볼 수 있었다. 인간은 생각 밖으로 컨디션에 흔들리는 존재이기 때문에 '나중에는 어떻게든 된다', '어떤 실수나 어려움이 있더라도 되돌릴 수도 있다'라며 대담하게 여길 수 있으면 좋겠다.

'모든 계획을 완벽하게 마치고, 반드시 성공하며, 실패는 전혀 하지 않는다' 같은, 부모가 생각하는 완벽한 세상은 없다. 아이가 시험에서 0점을 받아와도 숙제를 빼먹어도 생명에 지장은 없지 않은가. 그리고 이것은 아이를 키우는 데 있어서 실패도 아니다.

하지만 압박을 느끼고 우울한 기분이 지속되면 이것이야말로 생명에 위험요소가 된다. 도쿄대생을 많이 배출하는 것으로 유명한 가이세이 학교 재단의 야나기사와柳沢 교장은 저서에서 '아이의 체중이 늘었는지, 아이 얼굴에 미소가 있는지를 확인할 수 있으면 그것으로 OK'라고 했다. 여러분도 이것부터 시작해 보면 좋겠다.

정리하기

화의 근본 원인은 아이와 부모 사이에 '이렇게 하는 게 당연하다' 는 생각이 불일치하기 때문이다. 완벽주의가 아니라 과거를 확실히 개선한 최선을 추구하자.

4장
오늘부터 실천하기

□ 아이가 좋은 행동을 하면 그 자리에서 곧바로 칭찬한다.

□ 다른 아이와 비교하면 아이의 공부 의욕은 사라진다.

□ 마음에서 우러나오는 칭찬을 한다.

□ 작은 보상을 자주 마련한다.

□ 목표 달성에 방해가 되지 않는 보상을 준다.

□ 보상의 성격을 무작위로 정한다.

□ 무엇을 보상으로 받을지 아이가 직접 고르게 해보자.

□ 화가 날 땐 마음을 진정시킨 뒤 현재 무슨 일이 일어나고 있는지
　 말로 설명해 확인한다.

□ 화를 객관화하기 위해 '마음 온도계'를 만들어 화를 기록한다.

□ 아이의 성적이나 행동을 최선주의 관점에서 바라본다.

즐거움과 기쁨을 느낀다면 충분하다

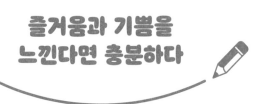

이 책을 엮는 데 사용한 재료는 두 가지였다. 하나는 과거의 다양한 교육심리학 연구다. 대학에서 쓰는 교육심리학 교과서와 논문을 찾아보고 교과서에 나오는 연구자가 쓴 일반서도 참고했다. 다른 하나는 우리 학원에서의 수업 경험이다. 다양한 책을 읽으면서 참고로 할 내용을 수업에서 실천하고 있다. 그런 의미에서, 우리 교실은 장대한 실험실이라고도 할 수 있다. 좋은 결과로 나타난 활동은 지속했고, 그렇지 않은 활동은 그만두면서 하루하루를 개선하기 위해 지금도 노력하고 있다. 자신감을 느끼고 여러분에게 공부 기술을 소개할 수 있는 내공이 쌓인 지금, 이렇게 책이라는 형태로 여러분을 만날 수 있어서 정말로 기쁘게 생각한다.

이 책을 끝까지 읽은 여러분은, 눈과 손과 마음을 얻었다고 생각한다.

'눈'이란 이론이다. 이제 여러분은 ARCS 모델을 알았으니 의욕이 없는 아이를 봤을 때 ARCS라는 네 가지 요소 중 어느 것이 부족한지 한눈에 알아볼 수 있는 '눈'을 획득했다. '의욕의 요소 분류'를 알게 되었으니 아이를 움직이고 있는 엔진이 무엇인지 알아볼 '눈'을 갖게 되었다.

여기에는 막연했던 불안을 선명하게 하는 힘이 있다. 불안을 이론의 '눈'으로 분석해서 냉정하게 바라볼 수 있게 되면 마음이 차분해지고 대책을 생각할 수 있게 된다. '아무것도 할 줄 아는 게 없는 부모라서 불안하다', '정말 대책 없는 아이라서 걱정이다' 같은 걱정을 하지 않아도 된다는 사실을 이미 알게 됐으리라 생각한다. 스스로 제어할 수 있는 원인에 주목하고 그다음에 할 행동을 구체적으로 생각하면 되기 때문이다.

'손'이란 구체적인 행동의 아이디어다. 부모로서 어떤 행동을 하면 좋을까에 대한 아이디어는 이 책 여기저기에 잘 담겨 있다. 어쩐지 잘 바뀌지 않는 것 같다는 생각이 계속될 때는 행동을 구체적으로 바꾸자. 그렇게만 해도 결과까지 구체적으로 바뀐다.

무엇보다도 중요한 것이 '마음'이다. 이것은 어떤 자세로 아이들을 키워야 하는지 부모가 가져야 할 육아에 대한 마음가짐이다. 마지막으로 이 마음에 대해 다시 한번 이야기하려 한다.

4장의 마지막 부분에서 말했듯이, 완벽한 부모는 없다. 이 책을 쓴 나도 모든 것을 완벽하게 하지 못하고 있다. 때로는 행동이 아니라 능력에 주목하는 말을 해버린다거나 이 학생과 저 학생을 비교하는 짓을 저지른다. 이 책을 읽고서 모든 이론을 이해하고 모든 아이디어를 실행해야겠다고 생각하지 말길 바란다. 그러다가는 마음이 부서진다. 부모로서 완벽해지려는 의무로 노력을 하겠지만 이게 말처럼 쉬운 일이 아니다. 그러다가 '이렇게 열심히 하고 있는데 너는!' 하며 솟아오르는 화를 아이에게 퍼붓고 다시 악순환에 빠질 수도 있다. '아이를 키운다는 게 너무 힘들어. 잘 안 되는 것 같아서 너무 걱정돼……' 하고 우울해질 수도 있다.

이것이야말로 외재적 동기(시켜서 하게 된 상태)이고 완벽주의이며, 원인을 외적 요인(아이)에서 찾고 있는 나쁜 상황이다. 실패를 반복해서 학습성 무기력에도 빠질 수 있다.

그렇다. 이 책의 이야기는 아이를 키우고 있는 여러분 자신을 분석하는 데에도 쓸 수 있다.

A : 육아에 재미를 발견하자. 새로운 아이디어를 찾아내자.

R : 육아의 목적을 재확인하자. 그것은 바로 아이와 나의 웃는 얼굴이 아닐까?

C : 아이를 칭찬하는 것과 똑같이 나를 칭찬하자.

S : 아이를 키울 수 있어서 다행이라고 느꼈을 때는 확실히 그 기쁨을 음미하자. 일기에 남기는 건 어떨까?

이 책의 시작 부분에 '공부는 재미가 없더라도 참으며 해야 하는 게 아니라 즐기면서 하는 것이다'라고 했다. 이것은 공부만이 아니다. 아이의 교육도 즐기면서 하는 것이다. 반복하지만, 전부 실천하려 하지 않아도 된다. 즐길 수 있는 범위에서 실천해 아이와 부모가 충만한 시간을 보낼 수만 있다면 그것으로 충분하다고 생각한다.

기쿠치 히로타다·하타 가즈키

참 고 문 헌

· 존 켈러(John M. Keller) 《학습과 수행을 위한 동기설계: ARCS 모형접근》

· 베네딕트 캐리(Benedict Carey) 《공부의 비밀》

· 댄 애리얼리(Dan Ariely) 《예상대로 불합리: 행동경제학이 밝힌 '당신이 그것을 선택한 이유'(予想どおり不合理:行動経済学が明かす'あなたがそれを選ぶわけ)》

· 월터 미셸(Walter Mischel) 《마시멜로 테스트》

· 삼가(Samgah) 편집부 《구글의 마인드풀니스 혁명(グーグルのマインドフルネス革命)》

· 에드워드 데시(Edward L. Deci), 리처드 플래스트(Richard Flaste) 《마음의 작동법:무엇이 당신을 움직이는가》

· 캘리 맥고니걸(Kelly McGonigal) 《스탠퍼드의 자신을 바꾸는 교실(スタンフォードの自分を変える教室)》

· 안데르스 에릭슨(Anders Ericsson), 로버트 풀(Robert Pool) 《1만 시간의 재발견》

· 조지프 히스(Joseph Heath) 《계몽주의 2.0: 감정의 정치를 어떻게 바꿀 것인가》

· 대니얼 카너먼(Daniel Kahneman) 《생각에 관한 생각》

· 대니얼 골먼(Daniel Goleman) 《EQ 감성지능》

· 대니얼 시겔(Daniel J. Siegel), 티나 페인 브라이슨(Tina Payne Bryson) 《아직도 내 아이를 모른다》

· 대니얼 시겔(Daniel J. Siegel), 티나 페인 브라이슨(Tina Payne Bryson) 《자기긍정감을 높이는 육아(自己肯定感を高める子育て)》

· 트레이시 커크로(Tracy Cutchlow) 《최강의 육아: 0-5세까지 IQ가 높아지고 몸과 마음이 튼튼해지는 절대 원칙 55》

· 캐롤 드웩(Carol S. Dweck) 《마인드셋: 스탠퍼드 인간 성장 프로젝트 원하는 것을 이루는 태도의 힘》

· 하이디 그랜트 할버슨(Heidi Grant Halvorson) 《어떻게 최고의 나를 만들 것인가》

· 로이 바우마이스터(Roy Baumeister), 존 티어니(John Tierney) 《의지력의 재발견》

· 앤절라 더크워스(Angela Duckworth) 《그릿: IQ, 재능, 환경을 뛰어넘는 열정적 끈기의 힘》

· 나카하라 준(中原淳) 《첫 리더를 위한 실천! 피드백(はじめてのリーダーのための実践!フィードバック)》

· 나카하라 준(中原淳) 《일하는 성인을 위한 '배움'의 교과서(働く大人のための'学び'の教科書)》

· 나카하라 준(中原淳) 《직원과 회사를 성장시키는 실천! 피드백》

· 안도 슌스케(安藤俊介) 《앵그리 매니지먼트 혼내는 방법 교과서(アンガーマネジメント叱り方の教科書)》

· 이치가와 신이치(市川伸一) 《학력과 학습 지원의 심리학(学力と学習支援の心理学)》

· 이치가와 신이치 《공부법의 과학 심리학으로 학습을 찾는다(勉強法の科学から学習を探る)》

· 이치가와 신이치 《학습의욕의 심리학(学ぶ意欲の心理学)》

· 가게 마사하루(鹿毛雅治) 《학습의욕의 이론 동기부여의 교육심리학(学習意欲の理論 動機づけの教育心理學)》

· 구가야 아키라(久賀谷亮) 《최고의 휴식》

· 고무로 나오코(小室尙子) 《아들 공부법》

· 스즈키 가츠아키(鈴木克明) 《연수설계 매뉴얼 인재육성을 위한 인스트럭셔널 디자인(研修設計マニュアル 人材育成のためのインストラクショナルデザイン)》

· 후지타 데츠야(藤田哲也) 편저 《절대 도움이 되는 교육심리학 실천의 이론, 이론을 실천(絶対役立つ教育心理学 実践の理論, 理論を実践)》

· 나카무로 마키코(中室牧子) 《'학력'의 경제학('学力'の経済学)》

· 하버드 비즈니스 레뷰 편집부 《[신판] 동기부여의 힘: 모티베이션의 이론과 실천([新版]動機づける力:モチベーションの理論と実践)》

· 후나츠 토오루(船津徹) 《세계표준의 육아(世界標準の子育て)》

· 사사키 후미오(佐々木典士) 《나는 습관을 조금 바꾸기로 했다》

· 야나기사와 유키오(柳沢幸雄) 《남자 아이를 키우는 어머니가 10세까지 하고 있는 것(男の子を伸ばす母親が10歳までにしていること)》

· 도비타 모토시(飛田基) 《세계에서 8000만 명이 실천! 생각하는 힘을 키우는 방법(世界で800万人が実践! 考える力の育て方)》

· Nicholas A. Christakis, M.D., ph.D., M.P.H., and James H. Fowler, ph.D. "The Spread of Obesity in a Large Social Network over 32 Years" N Engl J Med 2007:357:370-379

· Zajonc, Robert B. (1968). "Attithdinal effects of mere exposure". Journal of Personality and Social Psychology 9 (2, Pt.2):1-27

· Steindl, C ., Jonas, E., Sittenthaler, S., Traut-Mattausch, E., & Greenberg, J. (2015). Understanding psychological reactance. Zeitschrift für Psychologie,223 (4), 205-214

· Diana I Cordova and Mark R. Lepper, "Intrinsic Motivation and the Process of Learning:Beneficial Effects of Contextualization, Personalization, and Choice" Journal of Educational Psychology 1996,Vol.88, No.4,715-730

· T.Moffitt and twelve other authors, "A Gradient of Self-Control Predict Health,Wealth,and Public safety" Proceedings of the National Academy of Sciences (Jan 24.2011)

· Trang Nguyen, "Information, Role Model and Perceived Returns to Education: Experimental Evidence from Madagascaer," mimeo (2008)

· Boreom Leeand the others, "White matter neuroplastic changes in long-term trained players of the game of "Baduk" (GO): a voxel-based diffusion-tensor imaging study," Neuroimage. 2010 Aug 1:52 (1) :9=19

· Overmier, J.B.: Seligman, M.E.P. (1967). "Effects of inescapable shock upon subsequent escape and avoidane responding". Journal of Comparative and Psysiologcal Psychology 63:28-33.

· Mike Brown "Comfort Zone: Model or metaphor?" Australian Journal of Outdoor Education, 12(1), 3-12, 2008

초등 아이가 공부에
푹 빠지는 법

초판 1쇄   2020년 10월 5일

지은이   기쿠치 히로타다 · 하타 가즈키
옮긴이   윤경희

발행인   유철상
기획   남영란
편집   남영란, 이정은, 이현주, 정예슬
디자인   주인지, 조연경, 최윤정
마케팅   조종삼, 윤소담

펴낸곳   상상출판
출판등록   2009년 9월 22일(제305-2010-02호)
주소   서울특별시 동대문구 왕산로28길 39, 1층(용두동, 상상출판 빌딩)
전화   02-963-9891
팩스   02-963-9892
전자우편   sangsang9892@gmail.com
홈페이지   www.esangsang.co.kr
블로그   blog.naver.com/sangsang_pub
인쇄   다라니
종이   ㈜월드페이퍼

ISBN 979-11-90938-42-6(03370)
ⓒ 2020 Hirotada Kikuchi, Kazuki Hata